# 南方传媒研究
NANFANG MEDIA RESEARCH

南方报业传媒集团 南方传媒学院 主编

南方日报出版社
NANFANG DAILY PRESS

图书在版编目（CIP）数据

南方传媒研究·第五十四辑：FUN新闻/南方报业传媒集团 南方传媒学院主编．—广州：南方日报出版社，2015.6

ISBN 978-7-5491-1290-6

Ⅰ.①南… Ⅱ.①南… ②南… Ⅲ.①传播媒介-中国-文集 ②新闻工作-中国-文集 Ⅳ.①G219.2-53

中国版本图书馆CIP数据核字（2015）第144149号



南方传媒研究

第五十四辑：FUN新闻

南方报业传媒集团 南方传媒学院 主编

出版发行 南方日报出版社
地 址 广州市广州大道中289号
电 话 （020）83000502
经 销 全国新华书店
印 刷 广州市怡升印刷有限公司
开 本 787mm×1092mm 1/16
印 张 11 彩插0.5
字 数 250千字
版 次 2015年6月第1版
印 次 2015年6月第1次印刷
定 价 28.00元

投稿电话：020-83003364 83004106
网址：http://media.nfdaily.cn

# 目录 Contents

NO.54

## 学者视窗 095



## 传媒运营 101



## 记者讲述 116



## 庭荣视界 122



## 新闻幕后 129



## 东瀛专稿 136



## 传媒观察 145



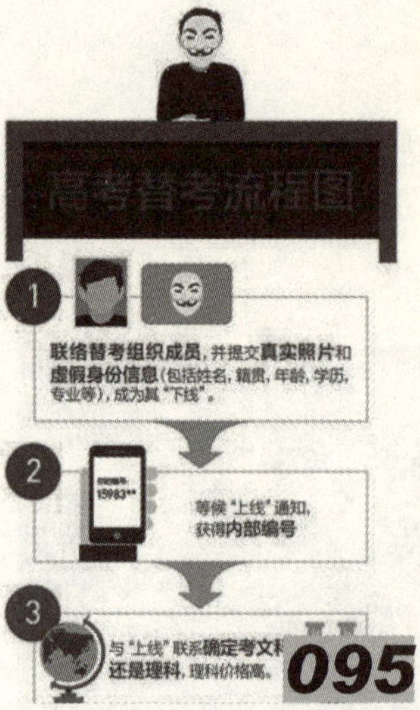

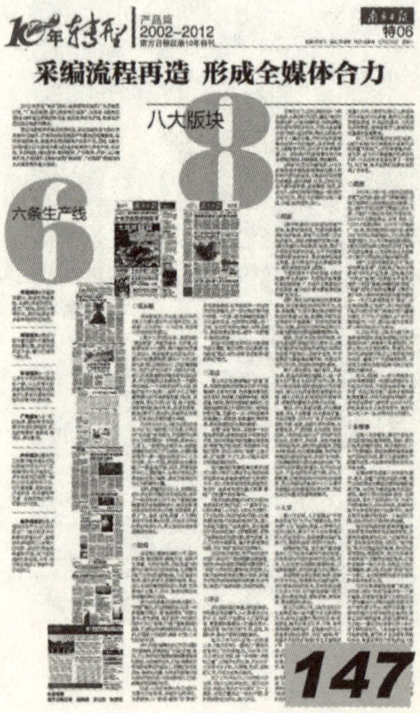

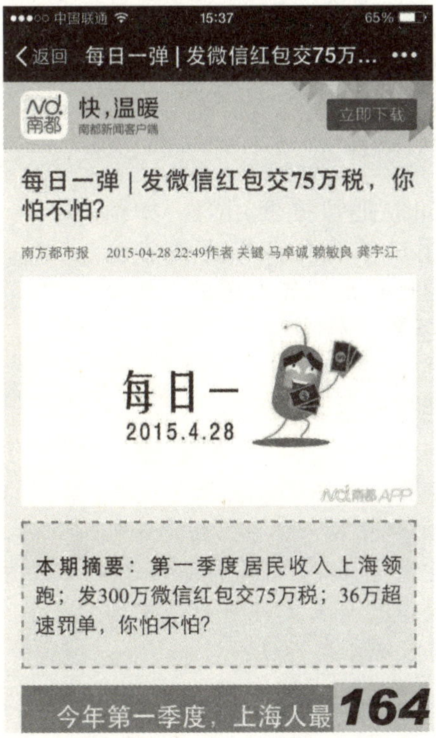







地　　址　广州市广州大道中289号

电　　话　020-83003364　87363753

传　　真　020-83004106

邮政编码　510601

电子邮箱　nfcmyj@vip.163.com

nfcmyj@163.com

网址

http://www.nfmedia.com/cmzj/

“确实我改变了，只是，在一些人眼中的‘退步’，是我心目中的成长。慢慢懂得，做一个合格的记者，不单单需要敬业、勇敢和专业，还需要思考的能力、独立的精神、面对压力的勇气。”

——5月22日，凤凰卫视主持人闾丘露薇宣布从凤凰卫视离职，她在微博上对曾经所引发的一些争议作出回应。

“如何把数据使用好，如何确保用户的隐私和数据的安全是阿里巴巴最优先考虑的。与第一财经的合作非常有价值，期待中国自己的彭博、道琼斯在未来能够诞生。”

——6月4日，阿里巴巴与SMG签署合作协议，由阿里投资12亿元参股第一财经，共同开拓市场潜力巨大的数据服务领域。阿里董事长马云豪言将打造中国的彭博社或华尔街日报。

“可能每个新闻节目主持人给自己的定位都是不同的，比如说记录者、传播者，我更愿意给自己的定位是沟通者，而且是职业沟通者。”

——年满60岁的央视主持人敬一丹从央视退休，5月11日，她在接受媒体采访回顾自己的职业生涯时如此表示。

“裁撤深度报道，表面上是砍掉了看似多余的奢侈品，实际上是砍掉了在新媒体时代市场化媒体尚存的竞争优势产品，砍掉的是自己的竞争力。”

——5月25日，《京华时报》深度报道部被撤销的消息被证实。针对不少传统媒体相继裁撤深度报道部，资深媒体人朱学东撰文发表看法。

“今天真正面临的问题并不是内容生产与内容价值的问题，很多调查表明，媒体生产的内容还是我们现在在流动着的甚至是在移动互联网流动着的最主要的内容之一。内容当然需要有很多的改变和转型，但是最主要的问题是渠道失灵问题。”

——人大新闻学院副院长喻国明在2015中国经济媒体领袖春季峰会上表示，解决渠道失灵问题是传统媒介的当务之急。

“事实上，我们现在其实处在新闻受众的新闻黄金时代。好的新闻层出不穷，而人们也对这些新闻充满渴望。”

——美国《赫芬顿邮报》创始人阿里安娜·赫芬顿在接受澎湃新闻专访时认为，人们现在对新闻和信息的渴望一如既往，科技的进步和闪亮的新设备并不曾也不会改变这些。

“在新闻一线奋斗了25年后，我内心有种强烈的驱使，希望转向以人为中心的商业文明研究，推动中国商业文明的进步，并进行自媒体的新尝试。”

——6月7日，第一财经日报创始人、总编辑秦朔发布微博承认辞职，表示将转向商业文明研究。

“这说明大家都在关注、思考、研究真人秀的问题，这几天大家的讨论也给我们的管理提供了大量社会舆论，真人秀还是要做，但要正确引导，怎样做才更有意义，有价值。”

——针对近日传闻颇多的真人秀限制令，国家新闻出版广电总局宣传管理司司长高长力6月5日表态否认，但他认为有这种传闻并非一个坏现象。

## 科斯特洛

在历经数年的用户增长缓慢后，美国社交网站 Twitter 宣布现任 CEO 迪克·科斯特洛将在 7 月 1 日卸任，Twitter 联合创始人杰克·多西将出任公司临时首席执行官。在过去的一段时间内，科斯特洛一直因 Twitter 未能实现营收与盈利目标而饱受攻击。

## 大卫·莱特曼

5 月 20 日，美国著名脱口秀主持人大卫·莱特曼正式退休，离开其主持了将近 23 年的《大卫·莱特曼深夜秀》节目，当晚的《深夜秀》告别演出吸引了 1380 万名观众收看。

## 何炅

5 月 13 日，北京外国语大学副教授乔木实名举报主持人何炅在学校“吃空饷”。校方回应称，何炅虽不再担任教学工作，但一直从事学校形象宣传、影响力推广等工作。为进一步规范学校职务管理，何炅已调任学校校友会、基金会工作。5 月 17 日，校方再发布声明，称已同意何炅辞职。

## 张勇

阿里巴巴集团 5 月 7 日宣布，首席运营官张勇将接任阿里集团首席执行官，与此同时阿里一线业务总裁将均由 70 后担纲。陆兆禧将出任阿里集团董事局副主席。

## 奥巴马

当地时间5月18日，美国总统奥巴马开设实名认证的官方推特账号，短短5小时内粉丝暴涨100万。奥巴马关注了65个其他账号，包括前总统老布什和克林顿。

## 哈瓦贾

6月3日，英国广播公司女记者哈瓦贾在社交网站发布了英女王伊丽莎白二世病逝的乌龙消息，很快在网络传播。白金汉宫不得不出面澄清，BBC公开道歉并可能处分哈瓦贾。

## 曹国伟

新浪公司6月1日宣布，与董事会主席兼CEO曹国伟达成认购协议，将向其出售1100万股新发行的普通股。曹国伟通过此番增持将占股16.02%，晋升为新浪最大股东。

## 桑贾伊·古普塔

尼泊尔4月25日发生8.1级大地震，美国CNN首席医疗记者桑贾伊·古普塔在灾区采访报道时，当场拿起手术刀，为一名受伤的女童做了高难度的开颅手术。

## 王建军

百视通6月3日发出公告称，黎瑞刚将担任公司新一届董事会名誉董事长，董事会提名上海电视台台长、上海文化广播影视集团有限公司总裁王建军为公司新一届董事会董事候选人。按照惯例，王建军将出任重组后上市公司新一届董事会董事长。

## 边策

6月9日，北京朝阳北路某小区内一涉毒男子坠楼身亡，警方已排除刑嫌。随后，多家媒体披露该男子正是CCTV6电影频道主持人边策。

## 图说 中国传媒产业2014年总值首次破万亿元大关

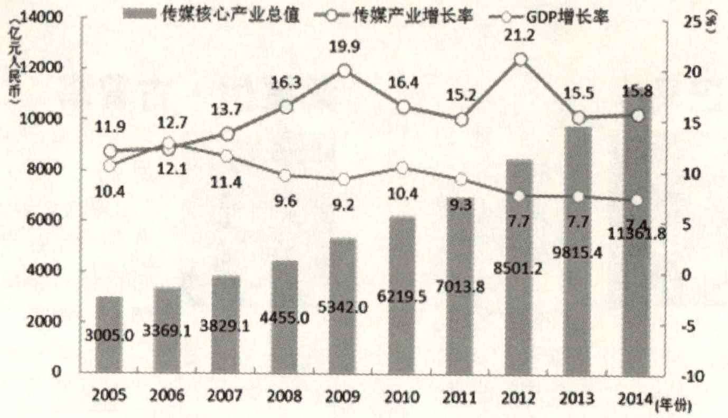


5月9日，清华大学新闻与传播学院发布《传媒蓝皮书：中国传媒产业发展报告（2015）》。报告指出，2014年全年传媒产业总值达11361.8亿元，首次超过万亿元大关，较上年同比增长15.8%。报告认为，传媒产业整体发展的良好态势主要依赖于基于互联网的新兴媒体。2014年互联网与移动增值市场的份额不但一举超过传统媒体市场份额总和，领先优势达到10.3%，并且差距还有继续扩大的趋势。报告还显示，报纸广告收入连续4年下降，2014年的下降幅度达到了15%。与此同时，网络广告收入首次超过电视广告，收入规模超过1500亿元。

## 数字

### 1302亿美元

**2015年全球上网开支将增加近13%**

6月3日，普华永道发布的《全球娱乐和媒体展望报告2015-2019》显示，消费者对数字娱乐和内容的渴望仍未得到满足，今年的开支将达到2200亿美元，超过半数将用于支付上网费用。普华永道估计，2015年的全球上网开支将增加近13%，达到1302亿美元。

### 787亿美元

**时代华纳787亿美元下嫁Charter**

5月26日，美国第三大有线电视运营商Charter Communications宣布，将斥资550亿美元收购时代华纳有线电视公司，而在算上承担的债务以后，收购价格将高达787亿美元。

### 31家

**中国地方新闻网站联盟成立**

5月21日上午，首届“中国地方新闻网站发展论坛”在上海举行，《中国地方新闻网站联盟合作倡议书》正式对外发布，由全国31家地方重点新闻网站共同组建的中国地方新闻网站联盟正式成立。

**1141 个**

### 中央新闻单位撤并驻地方机构 1141 个

5 月 20 日，国家新闻出版广电总局新闻报刊司在京举行 2015 年中央报刊主管单位工作会议。会议透露，在近期的专项治理工作中，撤并了中央新闻单位驻地方机构 1141 个，清退违规人员 1435 名。

**34.4%**

### 新闻类 APP 使用频率最高

移动互联网时代，新闻客户端成了人们获取新闻资讯的主要渠道。速途研究院 6 月 2 日发布报告显示，新闻资讯类 APP 使用频率高达 34.4%，居所有 APP 之首，而网友有 18.2% 的流量用于看新闻资讯，仅次于社交通讯的消耗。

**43%**

### 2015 全球三十强媒体主　百度排名 14

实力传播发布《2015 全球三十强媒体主》报告，根据各媒体主的广告收入进行排名。百度跃居为第 14 大媒体公司，在国内媒体中排名首位。百度的广告收入去年增长了 43%，成为全球增长第二快的媒体主。

**2200 万**

### 微博月活跃用户创新高

5 月 15 日，微博公司发布了 2015 年第一季度财报。一季度微博月活跃用户达到 1.98 亿，净增 2200 万，同比增幅高达 38%，创下上市以来之最，其中移动端月活跃用户同比大增 57%。

**2300 万美元**

### 美国新闻集团一季度报纸广告收入大减

受报纸广告收入低迷的影响，拥有《华尔街日报》等媒体的美国新闻集团今年第一季度实现净利润 2300 万美元，比去年同期大减 52%；营业收入 20.62 亿美元，同比减少 1%。

**1150 万美元**

### 华视传媒子公司获 1150 万美元融资

华视传媒 6 月 4 日宣布，旗下子公司深圳前海华视移动互联有限公司已签署 A 轮融资增资协议，融资约 1150 万美元。本轮融资由北京百度网讯科技有限公司领投，作为交易的一部分，华视互联与百度签订商业合作协议，共同开发和商业运营移动应用分发，以及基于百度地图的其他移动客运服务。

数字

**赫芬顿邮报今年将进驻中国**

5月20日，在阿里巴巴举办的全球女性创业者大会上，《赫芬顿邮报》创始人阿里安娜·赫芬顿透露，《赫芬顿邮报》今年将入驻中国。赫芬顿表示，网站会把生活方式以及娱乐方面的内容带入中国，新闻部分不会进入中国市场。

**国务院拟要求网络电视配节目审查人员**

国务院法制办6月10日就《互联网等信息网络传播视听节目管理办法（修订征求意见稿）》公开征求意见。征求意见稿规定，网络广播电视内容服务单位应配备专业节目审查人员，否则将予以警告、责令改正，可并处3万元以下罚款。

**山东两报发文鼓励编辑记者创业**

5月25日，山东沂蒙晚报与鲁南商报传媒有限公司发布《两报员工全员创业方案》，鼓励员工创业，并给出第一年发放600元基本工资并缴纳社保的优厚条件。而此前，一份名为《重庆日报报业集团关于鼓励支持员工创业创新的试行办法》在媒体圈内流传，《办法》鼓励员工从事创业创新项目，项目孵化期内为员工停薪留职3年。

NCAA TOURNAMENT
USA TODAY
The 'redneck' appeal
A few scares, UConn upset
WHEN ONLINE COUPON DEALS GO BAD
Gas prices could top $4 before leveling
Newsline
Books, CDs, DVDs, photos
Going, going . . .
Year later, Syria on brink of civil war
Millennials just might not be such a special bunch after all
Gigantic

**《今日美国》将停止出版纸质日报**

《今日美国》主编大卫·凯尔文表示，该报社将在未来5—6年内停止纸质日报的出版。《今日美国》有美国"第一大报"之称，今年一季度其出版收益同比下降9%。

**美国传统电视行业成立"视频广告局"**

5月18日，创立于1980年的美国有线电视广告局正式解散，被一个更强大的机构——美国视频广告局（VAB）所取代。VAB目前包含110家广播电视网和有线电视网以及多频道视频节目分发商，此后这些机构将"共同发声"，以保障美国电视广告业务的健康发展。

都市生活
新闻热线 3265588
2015年地方两会闭幕 29个省份调整了省部级官员
67名省部级官员履任新职 >>02版
捧杯 鲁能点球战击败恒大 历史首夺超级杯桂冠
牵手 快的滴滴宣布战略合并 业务品牌依旧各自独立
从"一针见血"到"刺刀见红" 中央巡视组反馈意见格外"辣" 05版
中国睡眠小康指数调查显示 女性睡眠问题比男性更为突出 03版
最高法开通减刑、假释、暂予监外执行信息网
"减假暂"案件公开庭审视频

**兰州日报编辑侮辱牺牲民警遭停职**

5月27日，《兰州日报》编辑赵文对牺牲警察发表侮辱性言论，次日遭报社停职调查。29日，赵文委托记者刘虎发布道歉声明，称自己"言辞极为无礼和不当"，并对广大民警深表歉意。

**陕西《榆林晚报》正式停刊**

陕西榆西报业传媒有限责任公司6月3日发出公告，称因经营困难，《榆林日报·都市生活版》(《榆林晚报》)停刊。报社于5月31日起与所有员工解除劳动关系。

**网络低俗语言排行出炉**

6月2日，人民网舆情监测室发布《网络低俗语言调查报告》。报告显示，按照原发微博提及量排行，"尼玛"位居网络低俗词语排行榜第一位，屌丝、逗比、你妹、草泥马等榜上有名。

**福建广播影视集团原副董事长陈文广被公诉**

最高人民检察院官网6月8日发布消息称，福建省广播影视集团原副董事长、总经理陈文广涉嫌受贿罪一案，已由福建省漳州市人民检察院向福建省漳州市中级人民法院提起公诉。检方指控陈文广利用职务便利，在人事任用、业务承揽、减轻违规播放广告处罚款等方面，为他人谋取利益，非法收受贿赂款物折合人民币704万余元。

**读者传媒拟上交所上市**

国内"期刊第一股"读者传媒上市终于有了眉目。中国证监会日前公布了最新IPO预披露名单，读者出版传媒股份有限公司拟在上交所上市，本次发行不超过6000万股，发行后总股本不超过2.4亿股。

## 苹果推出新闻聚合应用News

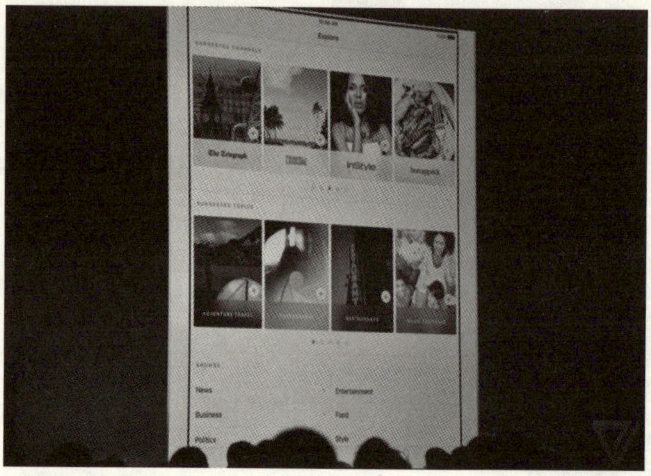

面对Facebook进军移动新闻门户，苹果终于给出了有力的回应。6月8日，苹果宣布推出一款类似Flipboard式的新闻聚合类应用——News。全新的News应用将会从全世界的新闻出版商中收集内容，而用户则可以对文章等显示方式进行自定义。苹果还表示News应用将会提供绝佳的全屏体验，通过手势滑动可以在文章之间进行切换，而照片和视频也可以直接嵌入到文章中，并可以进行内联。目前已经有多家内容出版商和苹果进行合作。

### Facebook携手9家媒体推出新闻快读功能

据外媒5月13日报道，Facebook与9家新闻出版社合作推出"Instant Articles"(快速文章)功能，允许这些机构直接向其手机新闻推送用户发布文章。这些新闻机构包括《纽约时报》、BuzzFeed、《国家地理》、NBC、《卫报》、BBC等。

### 众筹新闻网站"西班牙人"即将上线

被解雇的《西班牙世界报》创始人之一佩德罗·拉米雷兹领导建立了一家西班牙新闻机构，在不到两个月内，它通过众筹使身价增至310万欧元，或许成为目前筹得资金最多的新闻众筹活动。这家名为"西班牙人"的网站预计于今年9月上线。

## 媒体推内部创业可以学学海尔和华为

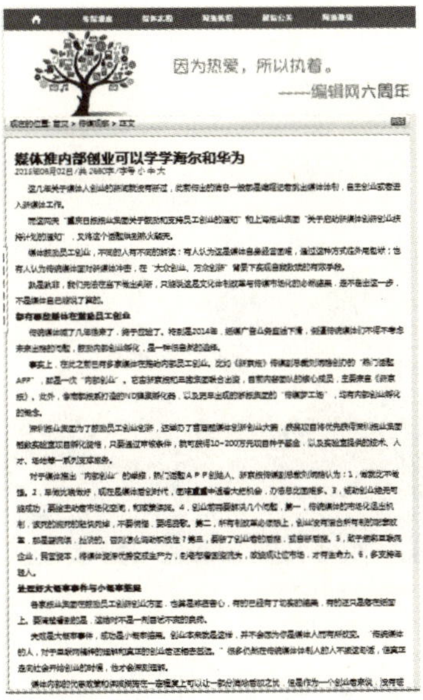
因为热爱，所以执着。
——编辑网六周年
媒体推内部创业可以学学海尔和华为

与媒体毫无约束的“停薪留职”不同，企业鼓励创业的激励机制，是需要承担一定的责任和风险的。华为虽然鼓励内部创业，但却有严格的约束条件。例如，内部创业需经注册后成为独立法人，同时脱离与华为公司的关系，公司任何员工不得参股，与创业业务有直接关系的员工配偶不得参与。这样一来，虽然公司支持员工创业，但却有着明晰的底线和边界，华为员工创业必须真刀真枪实干，各种可能的利益输送通道也基本被封死。此外，尽管创业失败公司仍提供退路，但不保留原职务及工资，而是要重新经过考核，并按新考核的标准，分配工作岗位，确定新的工资级别。换言之，鼓励内部创业，仍然首先要保证公司的利益，所谓“留职”，也绝非真的把位置留在那儿，创业者必须承担时过境迁的风险与机会成本。

创客的海尔更是一场自我革命，海尔创建了两个平台：一个是投资驱动平台，一个是用户付薪平台。最终要达到的一个目的就是：企业要从原来的产品制造者变成“创客制造者”。在具体实施过程中，也不是放羊式的管理，而是形成了五个子平台基础上的七大模块线上线下虚实融合的全流程创业加速生态圈，全流程帮助创业者创业。这就像是自己搭建了一套生态系统，将海尔现有的资源全部调配起来，全面支持创业者使用这些资源。（**原文链接** http://www.bianji.org/news/2015/06/ 4278.html）

## 传统媒体转型十大难题

中国经济时报
如何走出工业物流“短板”困境
传统媒体转型十大难题
央行为何不让人民币贬值?

在传统媒体深陷困境的今天，唯有进行彻底的转型才能有生的希望，而转型又受制于一系列的难题，这些难题是什么呢？ 1. 时间窗口还能开多长？ 2. 互联网 + 思维还是传统思维？ 3. 股权结构是否合理？ 4. 是否有一个优秀的一把手？ 5. 权力高度集中吗？ 6. 决策机制合理吗？ 7. 新业务能够获得充分资源吗？ 8. 增量转型思路吗？ 9. 新项目采取的是市场化机制吗？ 10. 新业务高度依赖旧业务吗？ (2015 年 6 月 2 日《中国经济时报》)

## 《南方日报》入选 2015 年度报业品牌

5 月 15 日，由中南大学中国文化产业品牌研究中心主办的“2015 中国文化品牌发布暨中国文化品牌发布十周年庆典”举行。会上首发了中国文化品牌蓝皮书——《中国文化品牌发展报告（2015）》，并发布了 31 个在各门类具有引领意义的年度文化品牌，其中《南方日报》入选年度报业品牌。

## 南方报业三报品牌价值 481.96 亿元

世界品牌实验室 16 日在北京发布 2015 年《中国 500 最具价值品牌》排行榜，南方报业传媒集团旗下南方日报、南方都市报、南方周末跻身榜单，品牌总价值达 481.96 亿元，较去年增加 21.26 亿元，位居全国报业集团前列。

南都与广东卫视签约仪式现场。

## 南方都市报签约成为广东卫视一级广告代理商

6 月 9 日，南方都市报与广东卫视正式签约，成为广东卫视广告的一级代理商。作为两个不同领域主流媒体的翘楚，南方都市报与广东卫视的“跨界”联手，是平台优势、资源优势和渠道优势的联手，必然会产生 1+1 ＞ 2 的良好效应与效果。

## 南方农村报全新改版

5 月 7 日，南方农村报全新改版。此次改版呈现出三大特点：社群化、全覆盖、强服务。在内容设置、推广途径和服务手段上都做了相应的调整，产品针对专业人群及构建由专业人群组成的聚合平台，为其创造更大的价值。

南方农村报 02 评论/读者之声

永远不变的是我们在一起

——南方农村报改版致读者

路怒

治理“公章马拉松”是深化改革必答题

村医

药价放开

@微博村

微观·杂谈

# 转型探索「并读新闻」

转型探索「并读新闻」

**栾春晖** 专访南都报系总裁曹轲：
“将合适的内容给合适的人，让并友发并”

**并读新闻团队** 解读并读新闻的运营奥秘

**栾轶玫** 并读新闻“读赚模式”的传播学分析

# 专访南都报系总裁曹轲：“将合适的内容给合适的人，让并友发并”

□栾春晖

栾春晖



由南都推出的并读新闻 4 月 15 日上线发布以来，在业界取得了不错的成绩。不到三个月，APP 下载量已经突破 1000 万，独创的“读赚天下”营销模式引爆营销界，开创了一个读新闻直接赚钱的先河。作为并读新闻的主管领导，南方报业传媒集团副总编辑、南都报系总裁曹轲对这个产品的表现如何评价？对大家关注的问题如何解答？对于并读新闻的未来发展如何规划和定位？“道哥论道”自媒体创始人栾春晖（以下简称“道哥”）特别对南都报系总裁曹轲进行专访，全面剖析并读新闻的一切。

## 一、并读新闻的定位问题

为了迁就应用市场的分类标准，定位资讯服务类 APP 的并读被加上了新闻两个字，也正是因为这两个字让人对并读与南都 APP 的定位产生了误读。在曹轲的心目中，并读是南都这家传统媒体全面转型的产品承载平台，是倒逼南都采编和经营生产运营模式升级变革的实现平台，全面接入南都内容的并读 1.2 版本上线后，南都采编系统的全面转型才真正拉开序幕。

### 南都优质内容将陆续注入并读

**道哥**：并读新闻正式发布一个多月来，作为主管领导，你觉得哪些表

"道哥论道"自媒体创始人栾春晖对南都报系总裁曹轲（右）进行专访。



现是令你满意的，又有哪些地方的表现还有所欠缺？

**曹轲**：并读新闻上线一个多月，总体上外界和同行的评价都挺好。这种好主要是比我们往常印象中的那些新闻 APP 在用户体验、互动方式以及资讯选择方面稍有不同，也并不是说现在的并读新闻就已经做到了极致，这种好只是和以往做的确实有所不同，而非绝对的好。

做得不足的地方之一，或许就是南都的内容优势还没有在这个产品中得到充分体现，在近期发布的并读新闻 1.2 版本，你将会看到南都原创内容的大量注入。

### 命名并读新闻是为了便于分类

**道哥**：说到内容，依我个人的观察，我们通常所理解的硬新闻内容在并读中不是很多，主要是资讯类信息比较多，很多信息还来自一些社会化媒体账号，表面看起来更像"并读资讯"，为什么要命名为并读新闻，强调新闻二字呢？

**曹轲**：叫并读新闻是因为在应用市场上容易分类，否则，被归类成为社交软件、赚钱应用的时候识别上容易造成混乱，其实我们也不想定位并读是一个新闻 APP。

## 将合适的内容给合适的人

**道哥**：*那在你心目中，并读是定位成一个怎样的产品呢？*

**曹轲**：我们定位并读为面向草根用户提供其所想要的资讯服务的 APP 产品，而不是一个简单的新闻 APP。如果把这款产品定位为新闻 APP，就会强调突发新闻、社会新闻、时政新闻，新闻的说法，会陷入旧有的媒体人思维体系中。

而资讯服务更加强调阅读对象与心态和场景等因素的匹配，我们现在再不能用所谓优秀的新闻、好的新闻来描述新闻内容，更应该强调合适的内容，将合适的内容推送给合适的人群，在合适的时候读到需要读到的内容。这种匹配对媒体人来说是无法过关的，媒体人往往都是说我有什么我想给你看什么，这种心态必须改变。



## 用户中心才是并读的出发点

**道哥**：*这种定位是否就是并读新闻和南都 APP 的最大区别呢？*

**曹轲**：简单说，并读新闻是根据草根用户的需求出发，以用户为中心，提供用户在不同时空场景下的合适的内容，让资讯内容与合适的人群相匹配。而南都 APP 是定位为基于媒体业务的新媒体传播，是以传统意义上的专业采编为出发点，将自己生产的内容推送给人群，更像一个南都新闻内容的汇聚平台和对外传播平台。

## 倒推南都内容生产模式的全面升级

**道哥**：*如果定位并读是以用户为中心提供其所需要的资讯服务，那么南都的内容生产能力是否会显得不足够，如何解决呢？*

**曹轲**：南都拥有强大的原创内容生产能力，在平媒中是绝对领先的，但在面临全国的大市场找用户人群的时候，是不够的，一定会显得特别单调、单薄、单向、单一，这一点我们十分清楚。那为什么还要强调并读新闻是南都的出品，又是不同于南都 APP 的客户端？这里有两个意思，第一是本身定位的不同，第二是要通过并读倒推南都的内容生产形态的变化。

比如说 1.2 版本的并读新闻将注入南都的优秀原创内容，这些内容绝非之前的报纸的电子版内容，而是包括南都 90 多个官微社会化媒体、南都 APP 的即时新闻等内容，这些内容的生产方式和呈现形态，已经有别于简单供应报纸的内容，是一种显著的变化。

虽然目前南都的内容生产能力和方式都还无法完全适应并读的要求，

但是我们通过南都内容接入并读的手段，来倒逼南都内容生产方式的变化，从需求出发去寻找内容，这让传统媒体采编人员的转型有了一个依托，有方向感，有呼应。在这个过程中，盘活南都的内容资源，释放南都的生产潜力，诸如一些员工的个人自媒体账号内容也可以导入到并读之中。

**分工明确才能取得双赢发展**

**道哥**：*这样是否会让所有的采编人员都为并读生产内容，而忽略了原来产品的内容生产呢？*

**曹轲**：通过并读新闻倒逼采编人员生产能力的变革，这个时候，南都采编人员和二级官微等，可以将更多的精力投入到垂直细分领域的精准化生产和运营，细分领域内容的深耕就更加容易产生出精品，将传播的出口平台更多放到并读之上，放到互联网上形成真正的互联网产品，我们的内容也真正适应互联网生产方式，反过来对南都这份报纸的互联网化也非常有好处。倒逼之后，报纸也更像一个互联网时代的报纸。



**从泛泛的内容生产到精细化内容生产**

**道哥**：*这种内容生产模式的变革的最大价值又在哪里呢？*

**曹轲**：南都内容团队与并读互动的前期，官微作为内容供应方提供内容资讯给并读新闻；后期，在并读新闻平台上产生的用户新闻需求，包括

用户点击、转发、点赞等用户行为数据会给回到官微等内容生产团队，有助于他们进行更加有针对性的内容生产，反而促进了内容生产的精准和强化以及质量的提高，会给前端生产内容的人提供更多的方向感。

把南都的内容注入并读后，一方面发挥出南都内容的优势，另一方面能够带动南都内容生产模式的变革，并将这种互联网平台上的数据信息反馈到内容采编部门，产生良性的互动，这样的转型才是彻底的转型，系统和全面的转型。

### 盘活内容生产体系正式拉开序幕

**道哥：**并读 1.2 版本升级后，每天南都供应的内容会形成怎样的规模呢？除了不是报纸内容的电子版之外，还有哪些特色？

**曹轲：**如果我们把南都现有的 800 名采编人员，当成一群专业化的自媒体人来定位，这些力量聚合到一起是非常大的。由于我们原来的平台太单一，只能做新闻，这些采编人员的力量无法最大限度地发挥。如今我们将报纸的编和采分离，又有了一个并读新闻的平台级产品，未来通过组织方式的变革，去中介，去中心，用自组织方式去组织内容生产，以并读新闻为一个输出的平台，整个内容生产体系就盘活了。

升级 1.2 版本后，我们估计每天的原创量在 600 条上下。另外，升级版本提供的原创不光是新闻上的原创内容，还包括一些创新的栏目，包括一周回顾、节操哥式的述评类原创内容在内的多种形式的资讯。

A10 都市圈 2015年4月15日 星期三

读新闻就赚钱 并读新闻正式上线啦

系全球首家“读者获利”新闻平台，具有“阅读即享现金收益”等创新元素

创新点

读能赚钱 全球首家

一个月下载量超百万

改变生活方式的产品

## 二、面向未来的并读发展规划

面对未来，曹轲认为APP的市场空间很大，并读首先需要达到一个千万级的平台产品才算及格，接下来南都经营会将这一平台的商业价值充分挖掘出来，完成千万级的营收，再将这个产品交由资本市场，通过市场化的机制向一个真正的互联网产品方向进化，让“并友发并”，玩转众筹、玩转生态，玩转商业，玩转跨界才能永续发展。到那一天，即使南都的报纸不存在了，并读依然可以承载南都的未来。

### 千万级用户的平台级产品是最低目标

**道哥**：*并读的下一步发展规划是怎样的？达到一个怎样的状态才是你心目中认定的成功标志呢？*

**曹轲**：肯定需要取得突破性的进展，我们希望本年度能完成千万级的下载量，最好是活跃用户达到千万级，成为平台级产品。另外，在产品生态链层面，能够产生和相关行业进行嫁接的机会，嫁接之后放大各自的价值。要打破以前那种小而全的作坊式生产，那样容易产生之前报纸封闭的循环，这种封闭的循环不适应当下的需求，需要我们以开放的心态，适应大的互联网生态变化，寻找跨界协同的关联合作，成为平台级产品，成为平台通道。用户产生回报，能够获益更多，不是通过点击广告赚点儿小钱，这只是第一步，不和外面打通，不跨界是没有用的。

### 全员联动启动并读赚钱模式

**道哥**：*与生态链去连接也许是以后的事*

情，对于当下的盈利问题，又是怎么考量的呢？

**曹轲**：并读新闻目前是处在烧钱的阶段，但是第一个月我们已经确定了1000万的广告收入，接下来南都经营系统的所有人员，都将成为并读运营的主体，年底希望力争实现广告收入8000万的营收。

**道哥**：半年时间完成如此大规模的营收，这样一个处在发展初期的产品能够承载吗？

**曹轲**：其实移动端的广告承载能力是很强的，不像我们报纸有广告版面的限制，并读如果能够达到一个平台级的APP产品，有两个亿的广告也能够装下。因为它的广告形式不单是启动画面，以及内部的展示广告，还可以针对不同的人群，在不同的时段提供不同的广告，这样一来整体的广告容量是十分巨大的。



### 考核体系配合经营系统全面转型

**道哥**：听说并读的广告也是全部交由南都经营全权代理，这种习惯了销售报纸广告版面的经营团队是否能够将并读经营好呢？

**曹轲**：并读新闻与南都经营不是简单的代理关系，而是经营团队营销的产品之一。对经营团队来说，销售并读的广告不是简单地代理一个互联网产品，而是其自身运营能力锻炼提升和客户资源激活放大的一次机会。并读是一个产品生产和运营的主平台，在地位上与奥一网、官微、报纸是并行的产品，是南都系列产品线的一部分，是经营对象的一部分，不同于对外代理互联网产品的销售。

当然，要真正实现这一点，还需要在经营管理体系、考核评价标准、运营组织模式方面进行适当的调整。观念理念以及运营管理机制转变过来之后，南都经营团队进行并读产品的广告经营就不成问题，这样的举动必然全面撬动经营人员转型发力。

### 风险融资与股权激励一个不能少

**道哥**：目前的技术团队很给力，短时间就做出了一个同行同档次的产品。未来怎样留住这些核心团队，是否考虑过相关的股权激励机制配套问题呢？

**曹轲**：并读对资本市场有期待，因为我们诞生的时候已经算是从A轮起步，成功融到了8000万元，接下来要进行B轮融资，在融资过程中就要求产品规模达到一定的层级，会要求有比较清晰合理的股权结构，以及互联网行业特别强调的运营团队和技术核心团队的股权激励问题。我们会在 B 轮融资期间参照通行的专业化操作方法一并进行考虑，这可能是解决转型中技术人才缺乏的一个有效方法。

南都也是有这样的问题，一方面缺乏技术人员，另一方面相关技术人才激励方式管理方式比较落后，起码没有放到重要地位上来。当前，南都就在重金招聘技术中心、产品部、移动媒体部三大总监，并愿意给出更高的待遇，希望这些核心骨干带动组建一个战斗力强的技术研发团队。需要他们发挥其掌握的最新的技术实现手段和方法，将内部的需求成功收集到一起，找到合适的技术解决方案，实现产品化。

**不上当，拒绝再度陷入媒体思维怪圈**

**道哥**：*我特意留意了下并读每条新闻内容的评论，虽然动辄就有几千条评论，但都是一个字两个字比较水的，或者只是为了赚取积分而来的应付式的评论。这种质量不够高的活跃度是否是我们想要的？又如何去解决呢？*

**曹轲**：我们也留意到了目前的活跃度虽然很高，超过了百分之四五十，但是评论质量总体不高。已经采取的措施是，把质量较高的评论前置了。事实上针对这样一个问题，并读内部技术和产品研发团队一直有争论，最终的结论是不一定要刻意地把评论质量提上来。

因为如果我们过分强调所谓的“盖楼”，所谓的评论质量，就很容易陷入做媒体、做内容的思路，新浪微博的思路，强调我的内容好，我的新闻价值高，又回归到做媒体的思路体系中。

我们很多同行会像当年一样，认为虽然腾讯 QQ 如此活跃，也不如新浪门户的新闻内容价值高，但是我们不能忘记了，在那个时候的腾讯恰恰代表的是未来，新浪就是媒体同行自 high 的地方。

我们不能上当，重新回到媒体思维怪圈无法走出来，只要有人在这样的一个平台上活跃就会有价值。留存用户，保持持续的活跃度不是简单地通过提高评论质量来达到的，而是拥有了用户活跃度以后，慢慢地形成用户的阅读习惯和粘性，后续开发相应的服务和应用，包括积分兑换系统，电商服务，通过良好的体验和好玩应用留存用户。

### 让并友发并才是根本之计

**道哥**：*未来有什么具体的办法提升用户留存度和活跃度呢？*

**曹轲**：未来，我们希望把并读内部的积分系统与移动、民航、银行等的积分系统打通，与淘宝的积分系统打通，可以进行跨平台的积分兑换以及用户互通，让并友发并，才是保持活跃度和留存度的利器。

未来，我们可以通过并读平台众筹助学，如果每个用户都可以将自己赚取的几十块钱捐出来，捐给选中的地方建希望小学，并友圈的并友们只要活跃起来，一个月甚至一个星期捐建完成一座，也并非难事。

另外，一些大件商品很难用每个用户的小额积分买到，那我们就可以采取先行购买，然后让并友圈的并友们再去组织众筹，众筹完成所需的积分等就可以得到相应的商品。这样通过积分、众筹、社交圈互动的方式可做的事情很多，可以是公益的，也可以是商业的，可以是自助的，可以是众筹的，可以用这种方式颠覆一些小行业，这才是并读未来要重点发力的领域。当然，目前我们还是要将这个平台级产品先打造起来。

### 读赚模式一直会持续下去

**道哥**：*读赚模式具有革命性的创新意义，取得了不错的反响，但也被诟病较多，都说这是一个噱头，营销意义大于实际。你们是否会持续将这种读赚模式作为一种核心竞争力，一直持续下去？*

**曹轲**：可以说这是一个卖点，也一直会持续下去，但不能说这是一个核心功能，起码不是唯一的，去中心化才是我们的核心目的。读赚只是实现这种目的的一种手段，我们希望打破客户广告投放过程中的中间环节，直接去革广告公司和代理公司的命，将真正的实惠回馈给客户以及普通用户。

### 标准化和个性化并举的广告模式

**道哥**：*这种与用户分享广告收入的具体分成比例有没有确定呢？普通用户比较关心这个。*

**曹轲**：每一笔广告收入的分配比例可以谈，我们先是确定各种组合给客户选择投放，选择确定的分配比例，这是标准化的服务。另外我们可以根据客户选择的人群特征和数量，为客户提供个性化的定制服务方案，此时再确定具体的广告收入分享方式和比例，整个过程坚持常规和个性化服务同时存在。

### 未来的南都或将以并读形式存在

**道哥**：*总结下我们之前聊的，并读与南都太过深度的结合，失去了其自由的地位，是否会造成并读成为南都的一个附庸，原本发挥并读互联网产品优势的目的无法达到呢？*

**曹轲**：目前来说，并读的整个团队是独立出来的，保持着一个互联网产品的独立性。未来，你的担心正是我要直面的问题，如果有一天报纸不存在，我们的团队还在，他们能够做什么呢？有没有这样的可能性，以后我们的报纸或许就是以并读的形式存在。

这个问题我一直在思考，当下并读是南都经营的一个可以运营的产品，有无可能未来南都的经营团队就是服务并读的一个部门。当下，南都采编力量是并读内容的一个供应方，有无可能未来南都的采编团队也成为并读的一个内容生产部门呢？2015年，报纸已经进入了生死存亡的阶段，生死的意思不是彻底的死掉，而是报纸的团队、品牌、优势会以一种新的形态继续存在，并读新闻是否就应该是这一个继续存在的具体形态呢？

没有报纸之后的南都是怎样的？我们需要去思考，去直面，其实也没有什么大不了的，就如我们这一代人或许不知道上一代人种田的时候是什

么样子的，未来的南都人不知道创业时代的南都报纸是怎样的一样。

### APP 市场空间巨大

**道哥**：南都 APP 与并读的差异化定位问题已经解决，在同一个 289 大院里，据说很快又会有一个南方 APP，并读与南方 APP 又是怎样的一个关系，是否会有所重叠呢？

**曹轲**：传统媒体经历了之前的分散式的尝试，如今都会集中资源重点做产品，不会四面开花，但是同时，APP 很难靠一个穷尽所有的方向。并读新闻明显是全国性的综合服务类的 APP 产品，而我所了解的南方 APP 更接近浙江新闻 APP，更强调党政机关的信息发布，可能吸引的是公务员人群，这与办南方日报、南方杂志、南方网是一脉相承的。

南方 APP 未来可能成为与南方日报、南方网、南方杂志并行的四个产品组合，用户和区域上也会有一个精准的定位。这与并读是不同的做法，不同的逻辑，一定有它独特的市场、价值，不会影响并读也不必因此造成困扰。

### 情怀不是情绪，选择需谨慎

**道哥**：观察了一下几个新闻 APP 产品，都会有一个人格化，貌似有情怀的代言人，包括今日头条的张一鸣、澎湃的邱兵，并读为什么没有一个人格化的代言人来增加产品的温度呢？

**曹轲**：人格化的、情怀的和情绪是有些区别的，我们新闻人做东西有情怀，但是有时候变成了一种情绪化的东西，有时候做失败了又不甘心的那种状态。有人说自己是情怀，我认为那是情绪，即使有时候这种情绪也可能是正向的。

情怀我理解的是服务大众的心，而不是个人的情怀，淘宝让天下没有难做的生意是不是一种情怀？人家做到了之后才强调建立人类共同体，才敢说让大家更加快乐健康一些。如果我们现在谈情怀，很容易被拉回到传统报人的职业情怀，所谓的专业理想等，就容易混成那种情绪式的所谓情怀，无益于并读产品的未来发展。这个年代情怀要慎谈，一不小心就陷进情绪的陷阱之中，自恋或自虐都不好。

（作者系“道哥论道”自媒体创始人，南都报系 ND 蜂巢孵化器 COO）

# 解读并读新闻的运营奥秘

□并读新闻团队



南方都市报转型重拳产品——并读新闻客户端（以下简称并读新闻），自从 2015 年 4 月 15 日正式上线后，受到了传统媒体、新媒体、互联网业界的广泛关注。这款由传统媒体打造，号称以互联网思维设计的新媒体产品，究竟是怎样的呢？接下来，我们将为你解读并读新闻的运营秘诀。

## 并读新闻要做新闻客户端中的后起之秀

手机移动端改变了用户阅读新闻的习惯。在当前的新闻客户端市场中，用户拥有很多不同的选择：网易、新浪、腾讯、今日头条、zaker 等，但用户普遍认为，这一切都是可替代的产品。

后来者，可从前人的经历中吸取经验。并读新闻从 2014 年 11 月开始研发，研发之初，创始团队深入探讨、分析当下新闻客户端的优胜劣败，在不断思考：并读新闻应该是怎样的一款新闻客户端才不会被轻易取代？

并读新闻是一款新生产品，因为未成形，所以有无数的可能。并读新闻团队分析了市面的新闻阅读客户端：新闻聚合类，如今日头条、zaker 由于早进入市场，累积了一定的用户量；门户网站类，如网易、新浪以及腾讯等，在自身产品已经积累了大量用户的基础上进行新闻客户端的用户拓展也是极具优势的。但信息杂乱，一成不变，甚至有点沉闷的新闻阅读体验，让如何留住用户成为了上述各大新闻客户端最为困扰的难题。

要成为后起之秀，并读新闻就要解决如何留住用户的难题，这也是如何做到不可取代的关键。

## 要留住用户，首先要定位并读新闻的用户是谁

新闻客户端的用户很广泛，青年看娱乐体育，中年看政经社会，老年看健康养生吗？也说不定。所以，过去的新闻客户端并没有一个清晰概念："给谁看的"，而并读新闻则希望定位用户，并且以这类用户以点带面影响所有的用户。

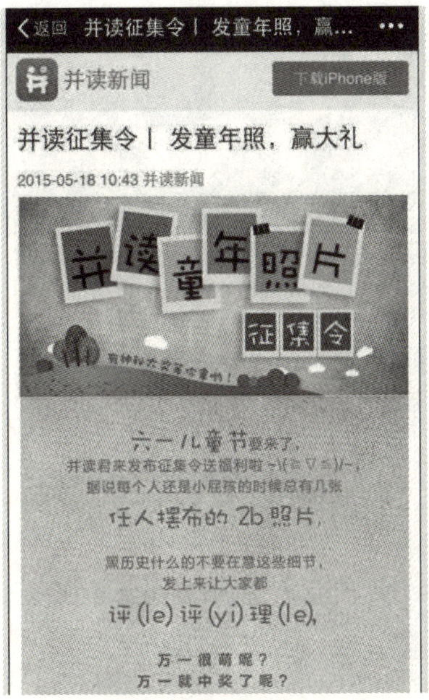

这类用户，不能过分小众，要具有发展潜力，在大学生、白领、高层、主妇等不同人群中，并读新闻最后锁定了大学生及年轻白领这一类人群。

大学生及年轻白领这一类人群的特点非常突出：个性、有主见、喜爱社交、乐于尝试新事物、金钱观念重。这类人群刚接触社会，价值观也正受到社会的影响在慢慢塑造、定型，在这个阶段进入他们的视野及思维模式，将很有可能引导出一种新的价值观，并影响他们的行为习惯。

于是，结合这一类人群的特点，并读新闻设定了颠覆现有新闻客户端的产品属性：新闻、社交、分成。

## 并读新闻如何影响青年人群的阅读习惯？

在并读新闻的属性设定中，赚钱（分成）在前期阶段是最能吸引用户的，但长远来说，社交是黏住用户、活跃使用的重要产品属性，并读新闻的核心价值还是新闻内容。

在内容方面，传统媒体更多面向习惯纸媒阅读的资深读者，例如南都APP，在内容选择、文风等方面依然根据原有的模式进行内容创作。而并读新闻为匹配青年人的兴趣需求，乃至移动端用户“短、平、快”的阅读需求，对内容团队的管理、内容制作均作出了与传统媒体区别较大的调整：

### 一、采编团队：90后新生力量＋南都积淀

并读新闻从南都外部组建团队，希望采编团队能跳出传统媒体的路径，能更加好地适应

互联网思维。

目前并读新闻的采编团队，不少编辑都是 90 后，在选择稿件的时候，也是代表了年轻读者去做这些选择。编辑部对年轻编辑们有一个不成文的规定："如果这个新闻标题你自己都不愿意看下去，那选稿肯定是有问题的。"

年轻的并读编辑们有活力有冲劲，但如何做优质的内容依然需要资深的媒体人来指导和把关。并读新闻总编辑在南都积累了非常丰富的采编经验，是并读新闻内容的第一负责人，是内容指挥的掌舵人，为一伙年轻人在如何做好内容上导航。



主流扎实的采编思路加上 90 后年轻人脑洞大开的这种创意思维，这个就是并读内容团队的灵魂和核心所在。

## 二、内容方向：有趣有用有主见

拥有了年轻的内容团队后，依靠南方报业强大的采编资源，并读新闻的内容源非常丰富，但在内容选择方面，并读新闻更关注青年人的所需所想，如前文所述，并读新闻让年轻的编辑们从海量资源中做内容选择。

做让青年人感兴趣的内容。南都的内容是面向普罗大众的，包括像抗战胜利七十周年等，南都都会做很大规模的传播，但是针对年轻用户群，并读新闻更多的是关注青年人感兴趣的内容。

有趣的内容。比如最近很红的"90 后情侣回乡养鸡""90 后情侣创业获得总理接见"等，并读新闻一一呈现在客户端上。

有用的内容。最近股市火爆，并读的选题也往给"股市小白"支招的方向去走；临近毕业季，青年人关注招聘热点，并读便原

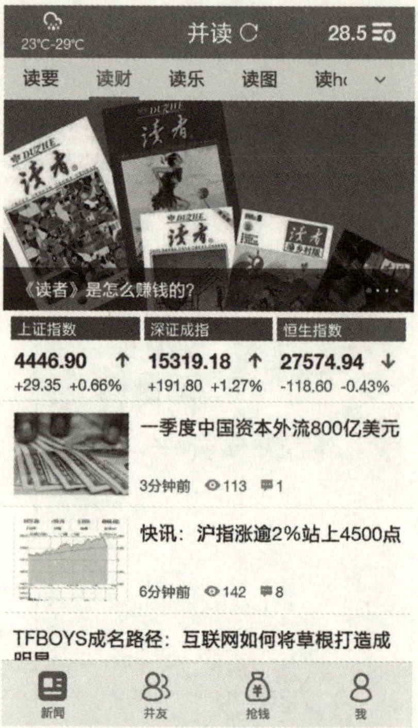

创了一个专题叫“那些奇葩的招聘会”，内容包括衣着的误区，怎么跟 HR 沟通，应对 HR 刁钻的问题等。

有主见的内容。并读新闻在标题、内容导向方面与部分媒体不同，并读新闻保持中立，在内容中展示不同角度的不同见解，让读者多角度看新闻，真正让读者了解新闻真相，建立独自见解。

### 三、内容风格：两个思维

并读新闻在内容风格上贴近两个思维：互联网思维、青年人思维。

互联网思维。在移动互联网终端阅读上，文字阅读渐渐被图片阅读所取替，图表化、逻辑化的内容更受读者欢迎，并读原创新闻多采用图标数据化图片为读者展示内容数据，让读者轻松了解资讯内容。对于文字资讯，并读内容团队也以”短、平、快“的形式进行编辑，为读者带来耳目一新的阅读体验。

青年人思维。在娱乐化的新闻内容中，并读内容团队采用互联网化语言进行内容编辑，更贴近青年人的阅读思维。

从团队构成、内容选择以及风格三方面贯彻以青年人感兴趣的内容为核心，通过这样的内容制作流程，把读者感兴趣的内容呈现给读者，让阅读变成一件有趣的事，青年人的新闻阅读习惯自然而成。

## 并读新闻对比传统新闻有怎样的改变？

并读新闻借助新媒体技术，主要在内容和用户体验两方面有重大的改变。

## 一、内容方面

### 1. 内容形式

在新媒体时代，内容的展现形式已经发生质的改变。纸媒的新闻报道以文字为主，而在新媒体的平台上，内容以电子文件呈现，形式可以是文字、图片、音频、视频甚至现场直播等即时通讯。

### 2. 内容纵深

新媒体在内容上更纵深更广阔。随着互联网的高速发展，信息传播的高速，让读者的资讯需求面更广阔，对内容要求也更有深度。新媒体可通过全网信息抓取技术进行全球资讯整合，让读者在一个小小的手机屏幕里看见全世界。

## 二、用户体验方面

新媒体改变了过往读者在选择有限的情况下主动选择，媒体在提供有限内容的情况下被动被选择的困境。新媒体技术可以建立产品与用户之间的联系，通过不同设定、推荐算法向用户推荐用户感兴趣的内容。

### 1. 阅读习惯设定

通过对移动端用户的行为习惯分析，并读新闻发现读者更多是在碎片化时间内阅读新闻，例如上下班、午休等时间，同时根据用户使用并读新闻的时间数据分析，设定新闻资讯自动推送给用户的功能。

### 2. 信息推送

推送什么内容给用户？用户开始使用并读新闻客户端以后，用户在并读平台上的阅读数据将反映该用户的兴趣喜好等信息，后台技术可通过以上数据进行技术算法分析，继而进行用户感兴趣的、最新的内容推送。

例如大学生人群可能更多阅读体育、娱乐及创业信息，并读新闻则在每天推送例如 NBA 比分、电影发布会以及互联网项目融资等新闻资讯给大学生阅读。

精准的推送让用户感受到“并读懂你”，结合有趣有用有主见的内容，并读新闻希望打造的是一个人性化的资讯平台，通过优秀的内容、优越的体验汇聚用户，用户在并读新闻平台吸收资讯、与好友交流资讯，同时赚个小钱，相信心情会倍加愉悦。

通过新媒体技术与内容的结合，懂你的新闻、愉悦的体验，让用户乐于分享并读新闻资讯，实现了传播效果，互联网平台的传播速率、效率远超传统媒体。目前并读新闻下载量已超过 1000 万，活跃用户率超过 50%，可见并读新闻作为一款互联网产品，它的设计理念是非常有效果的。



### 并读新闻接下来的产品计划是怎样的？

在接下来的进程中，并读新闻将继续深化三个方面的工作：

**一、用户体验**

并读新闻在产品设计上提出了与众不同的功能设置：社交、分成。作为创新的功能设定，并读新闻团队不断地在摸索、优化这两个模块，提出新的功能，希望让用户更好地体验新闻、社交、分成三位一体的并读体验。

1. 全民报道：每一位用户都可在并读新闻上发布身边的即时新闻，让并读新闻更快更新更贴身！

2. 并友 UGC：并读新闻为用户提供一展才华的机会，将增加并友原创内容栏目，优质内容将推荐到并读新闻栏目。

3. 用户等级：根据用户活跃度、好友数目及新闻评论质量进行用户等级划分，为优质用户提供更多用户服务及权利。

以上三项新功能将同时融入社交分享、积分分成功能，并读用户将有更多途径“读赚天下”。

**二、内容体验**

伴随着内容团队的逐渐壮大，并读新闻希望能为读者提供更多有质量的内容，更多的并读原创专题。并读新闻不做内容的搬运工，相反是要建造一座内容的高楼，希望内容成为并读新闻成功的标杆。

并读新闻运营至今，有多个并读原创专题受到读者热捧：如瞄准时下年轻人对创业的高关注需求，推出了原创并读专访《陈欧："陈欧体"退潮后，我做了什么》，不仅在并读新闻 APP 有极高的阅读量，还在各大社交媒体得到广泛的传播，全网统计流量名列 5 月份的前茅。

又比如针对中纪委的红色通缉令 100 人名单，在全国率先推出了策划原创《悬赏五万 | 并读君力挺全民追逃》，仅在并读新闻 APP，就征集到数万条用户评论，其中不乏满是干货的灼见。

而在专题原创方面，并读新闻创新地调动读者提供素材进行互动，例如帮助读者“5·20”高调示爱、“六一”童年照征集等专题就远远超过了并读新闻的流量目标。



关注需求、深化社会热点话题、与读者交互，这一切都将是并读内容团队不断优化内容体验的方向。

## 三、跨界合作

并读新闻目前已经与众多不同行业的知名企业进行合作对接。在对接过程中，并读新闻一直强调用户体验，希望组织互动跨界的主题活动，为用户提供更多有趣有价值的社会化营销活动。

目前并读新闻针对大学生毕业就业的社会问题，正在策划年度主题项目：“有并青年”。通过该项目，并读新闻跨界联同各合作企业，展现并读新闻以及各合作企业对青少年的关爱，并积极履行社会责任。对于大学生而言，最迫切的问题必定是发展前景问题，因此该项目将围绕青少年的未来展开项目策划，期望在实现并读新闻及各企业品牌价值传递的同时，让更多青少年感受到社会企业的关爱，同时引起社会关注。

目前，在如何切入已经进入稳定发展阶段的新闻客户端市场的问题上，并读新闻团队进行了多次的“头脑风暴”，从产品属性、产品开发、内容制作、营销模式、推广计划等各方面寻找突破口。最终，并读新闻顺利诞生了，但其成长的道路不会平坦，并读新闻团队作为南方都市报转型的先行部队，需要更高的投入度、更强的抗压力、更快的灵活性。我们期待，如同并读新闻选择的用户群那般有活力、有发展潜力，并读新闻将成为新闻客户端市场中的后起之秀！

# 并读新闻“读赚模式”的传播学分析

□栾轶玫

栾轶玫



4 月 15 日，当“并读”点亮广州的“小蛮腰”时，一种全新的“并读新闻、读赚天下”的模式横空出世了。这是自“澎湃新闻”客户端上线之后，传统纸媒最引人瞩目的事件了，正如报业的先锋者《南方都市报》在发布会上的慷慨陈词：“我们竭尽全力要去做到的是：生产出让用户离不开的、改变生活方式的优秀互联网产品。”从试运行到正式发布，一个月时间，下载量超 100 万，目标是用户数过亿，承载着传统平媒转型重任的并读新闻开篇的确不俗。问题是从 100 万到一个亿的用户增长，中间还有很长的路要走，并读新闻如何在渡过了前期“营销”造势的热闹阶段之后能越走越好，收获可持续发展呢？

## 一、并读新闻：移动端的报业转型

研究机构 Gartner 的数据显示，2013 年 APP 全球下载量达到 814 亿次，2014 年达到 1300 亿次，而到 2016 年，全球 APP 下载次数将达到 3000 亿次，这一切都基于对未来移动智能设备疯狂增长的预判。对此，市场研究机构 DisplaySearch 的数据支持了这一研判：2016 年全球智能手机出货量将达到 14.5 亿部。3000 亿次的未来下载量，14.5 亿部智能手机出货增量。这些无疑对于移动新闻客户端而言具有相当大的诱惑。

并读新闻此次“报业转型”，跨过 PC 端，直接切入移动端，打造专属的独立 APP，以此搏击移动互联时代；此外，还将自己的目标用户锁定年轻人为主的新兴人群，也符合中国 APP 用户的年轻化大趋势。据统计，18—35 岁的青年人是 APP 的主要消费者，智能手机已经成为他们日常生活中不可或缺的装备。白领、学生、年轻人为主的新兴人群，对新闻资讯有着强烈的需求，而且乐于在圈子里分享信息、表达看法，并读新闻希望自己成为这种新趋势和新潮流的代言人。

然而，据易观咨询的数据显示：中国智能手机用户人均安装 41 个 APP；慧聪研究得出的结论是：50% 的智能机用户每周使用 3—8 个 APP。APP 虽然数量众大，来势凶猛，但使用度却高度集中，除了常用的 3—8 个特定的 APP 外，平均每人都有近 40 个的 APP 处于沉睡状态。这对于出生还未满月的并读新闻而言无疑是巨大挑战，它会脱颖而出并且成为用户的“热应用”？还是昙花一现迅速在用户的手机端沉睡不醒?



## 二、并读新闻：“读赚模式”的新闻平台

新闻客户端数量众多，目前在 iOS 与 Android 两个平台上的新闻资讯类客户端就超过 1300 个①，粗略分析这上千个新闻客户端，依照其主体大致分为三类：第一类是“门户网站”出身的新闻客户端，以“搜狐新闻、网易新闻”为代表；第二类是“传统媒体”出身的新闻客户端，以“CNTV、

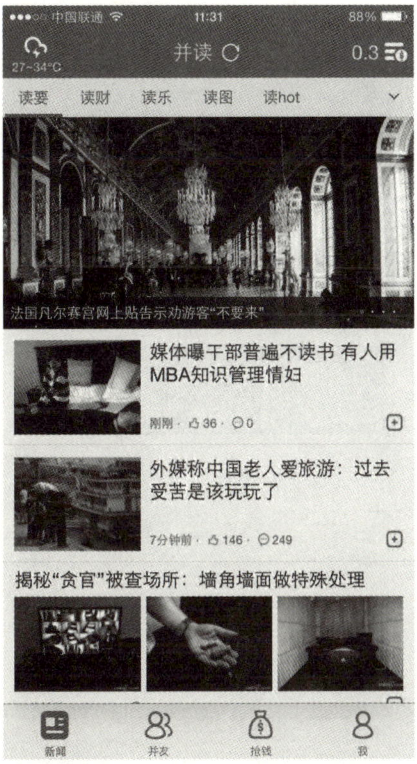


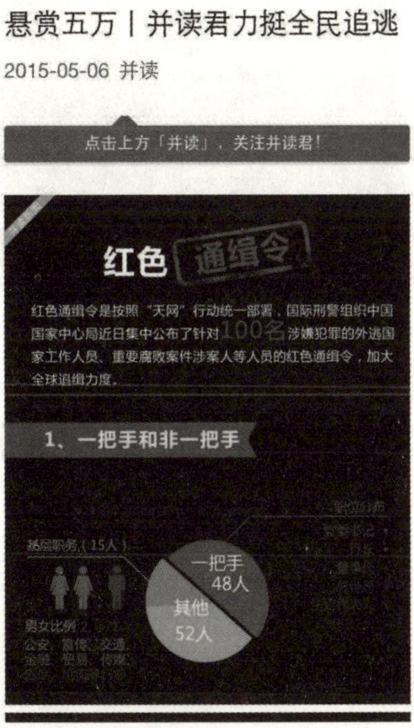


CNN、BBC、财新传媒、《南都周刊》”为代表；第三类是“新生科技公司”出身的新闻客户端，以“《今日头条》、《赫芬顿邮报》、鲜果播报、ZAKER、窄播”为代表。无疑，“并读新闻”属于第二类“传统媒体”出身的新闻客户端。

并读新闻号称是全球首家“读者获利”的新闻平台，定位指向“有趣有用有钱赚”，将新闻嵌入社交场景，具有“阅读即享现金收益”等创新元素。比如读新闻赚积分，积分提现或兑换话费；又比如它推出“悬赏令”，向读者征集政府“红色通缉令”公布的100名外逃分子的线索，凡提供重大线索且经过纪检机关确认的，“并读”将支付最高5万元赏金。“分成”与“悬赏”激励机制在并读新闻中充分体现。



## 三、并读新闻：客户端使用测评

对并读新闻客户端的使用测评，主要有如下特点：强化互动、鼓励分享、设计常规、UGC缺乏。

1. **强化互动**：媒体做新闻客户端要想成功，必须要重视服务与用户体验，可以说新闻客户端在某种程度上是一个“用户管理平台”，可以通过它建立起与用户的情感链接。高互动是提高用户忠诚度的核心，强化互动无疑将增强订阅者的存在感，使其感觉自己与媒体作为一个整体而存在，进而会努力维持这个整体。并读新闻的“读新闻赚积分”的模式有很强的用户吸引力。此外，它还允许用户对新闻进行标记为“喜欢”“不喜欢”，这些设计都很好地强化了用户与客户端的主动互动。

2. **鼓励分享**：建立“一键分享”等一整

套“内容分享”的鼓励机制，让用户便捷地将标有你品牌“新闻 APP”上的内容分享到他所在的各类 SNS 平台上去，依靠用户力量帮助你推广自己，扩大传播力与媒体影响力。并读新闻在“鼓励分享”应用方面比较成熟，用户感兴趣的文章可以轻松便捷地分享到自己的微信朋友圈或者微信好友。

**3. 设计常规**：并读新闻在频道设置上，有读要、读财、读图、读乐、读 hot 五大特色频道，以及科技、旅游、美食等丰富的垂直细分频道。设计与一般新闻客户端大同小异，栏目数量与内容丰富程度在某些方面还与成熟的新闻客户端差距不小。比如网易新闻客户端有 38 个子栏目，搜狐新闻客户端有 32 个子栏目。此外，并读新闻在功能设置上依然有提升空间，比如网易新闻客户端有“电台”特色版块，搜狐新闻客户端有“听新闻”版块，这些功能设计使得新闻不仅可以看还可以听。

不同的内容产品形态，只有匹配了合适的“呈现”方式，才符合其“媒介性格”。新闻客户端形式呈现方面应注重简洁、夺目、稳定、亲和。简单与容易操作的设计是一款成功新闻客户端的必备要素，例如简易的账号申请流程、新消息推送通知、使用者偏好记录与历史资讯查询等。并读新闻在这一方面达到了常规标准，注册使用方便快捷，但开放隐私的前提条件也会制约不少用户的使用。

**4. UGC 缺乏**：新闻客户端强调信源多元，一般而言新闻客户端的主要信源有三方面：UGC 内容（用户贡献内容），如“鲜果联播”；PGC 内容（专业人士产生内容），如签约了自媒体人的“搜狐新闻 APP”；AAC（算法产生内容），如《今日头条》。传统媒体在做新闻客户端时应注意信源的多元化，发动 UGC 多多贡献内容，

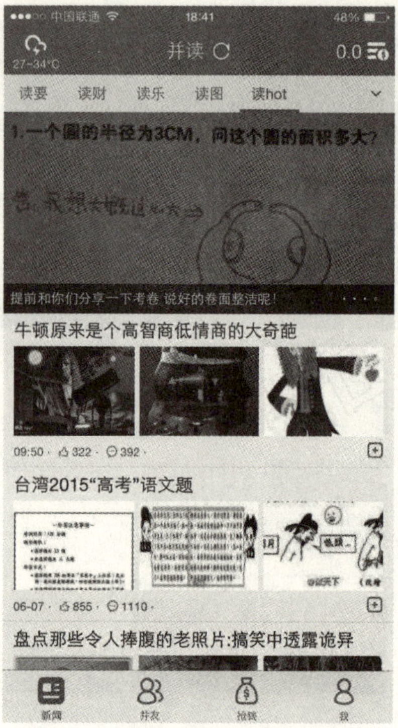


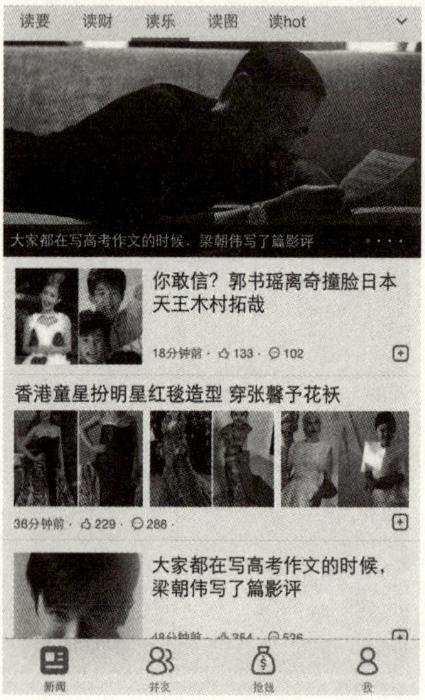

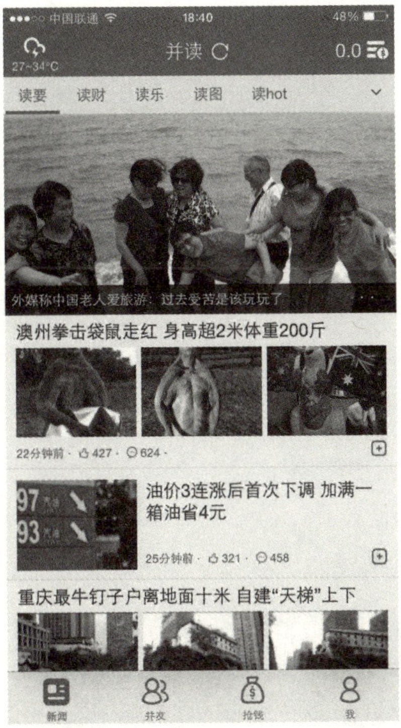


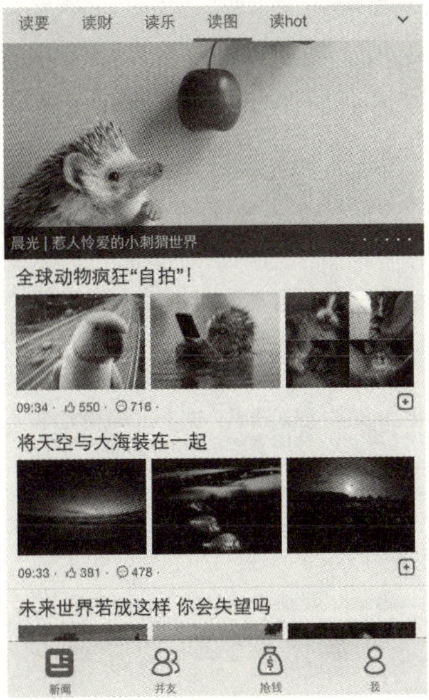


并试图通过签约等形式聚合更多的高质量内容生产者。此外，内容方面还可基于名人或是基于算法设立排名，帮助用户筛选有价值的信息。还可设立筛选分类，让新闻客户端成为一个新闻事件的完美记录体，把集体记忆分门别类地记录下来方便日后的查询与提取。并读新闻在用户贡献内容方面有所欠缺，在自媒体盛行的时代，仅靠一己之力做新闻的模式不仅辛苦，且与用户疏离，并读新闻在 UGC 方面还有待进一步加强。

## 四、并读新闻：读赚模式的传播学分析

并读新闻首推“读赚模式”，让读者通过阅读新闻来获利。它的设计初衷是想从新闻、社交与赚钱三个角度来增加用户的黏性，从而在业已非常拥挤的新闻客户端杀出一片自己的天地。

### 1. 读赚模式与用户：并读 VS 并看

并读新闻号称其独有的“读赚模式”就是要颠覆“将新闻卖给读者，再将读者注意力卖给广告商”的旧有的媒体“二次售卖”的商业模式，让用户通过阅读、点赞、评论、分享等方式积累积分，兑换礼品或直接提现，从而实现用户“读新闻，赚阅薪”的目标。

无疑其初衷是想通过这种回报读者的方式吸引眼球，迅速积累用户数。但与其他产品不同，新闻是一种“特殊产品”，很大程度上它需要读者的“注意力及情感卷入”才能最终实现其价值，特别是新闻产品中的文字产品，它对读者“卷入度”的要求最高。这使得新闻产品这种特殊产品与滴滴打车这样的单纯服务性产品不同，后者采用“现金奖

励”模式时，用户在使用该产品（服务）时其价值即时得以实现。而对于新闻这一特殊产品，提供者在采用“现金奖励”机制时，其价值的实现还取决于读者的“卷入度”，比如说读者点开一篇新闻与阅读一篇新闻之间是不同的“卷入度”，也伴随着不同的新闻价值实现度。并读新闻的这种阅读新闻的“现金奖励”设计，很可能在现实中会演变成读者忙于赚积分而只是“点击”新闻，并不“阅读”新闻，“并读新闻”成了“并看新闻”，在鼓励读者从一篇新闻移向另一篇新闻的同时，有价值新闻的阅读时间与空间被间接“压榨”了，期间损失掉的是新闻意义的获得、社会共识的达成。

媒体吸引的应是“关切”而不仅仅是“关注”。并读新闻“读赚模式”中现金奖励等一系列规则设计使得交换更倾向于发生在“金钱”与“眼球”之间，而不是“金钱”与“新闻价值”之间，这对于以生产有价值新闻为己任的新闻媒体而言，多少有点儿悲伤。因此并读新闻在今后的改进中需思考设计什么样的奖励规则，使用户真正做到一起阅读的“并读”，而不是一起点击的“并看”。

**2. 读赚模式与内容：低质思想 VS 高质思想**

目前并读新闻“读赚模式”在规则设计上奖励“关注”而不是奖励“思想”，因此内容会逐渐陷入“低质思想”的怪圈。三方面原因制约着并读新闻“高质思想”的产生：

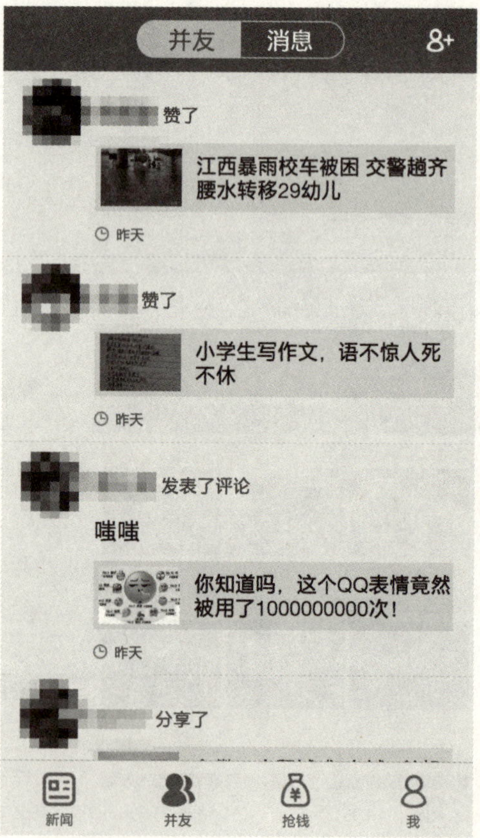

首先，“用户只需阅读新闻、评论新闻、分享新闻，即可轻松获得积分。凭积分每日结算的现金收益，可用于直接提现或兑换充值卡、流量包等丰富礼品”的规则设计与人性趋利特点相结合在现实中就呈现出这样一番景象：匆匆点开新闻页、草草几笔写评论、速战速决速分享。这直接导致了“新闻使用价值降低、评论质量庞杂低质、分享轻率很难准确反映其态度、喜好”的情形。

其次，并读新闻注册时与微信、微博联动的出让隐私的注册方式，会使得用户在发表评论时具有“隐藏性、表演性”等倾向，从而使得评论很难反映用户对新闻事件的真实想法与态度，在此基础上的舆情分析也很难准确。

第三，用户“评论新闻”的奖励机制会诞生大量的庞杂评论，这时，即使偶有“高质评论”也被这些数量众多的“为读赚而生”的庞杂评论给淹没掉了，“高质评论”浮出水面的机率被大大降低了。

**3. 读赚模式与平台：媒体 VS 介质**

“读赚模式”的设计规则使得用户无论在“阅读新闻”“分享新闻”还是“评论新闻”时都倾向于“低卷入度”，这样的结果是，参与者有可能增多了，但参与的深度却大大降低了。这对于靠凝聚“高质思想”、收获影响力而生的媒体而言未必是好事。但是“读赚模式”本身能快速吸引到大量用户，从而有可能将媒体自身转变成一个平台，一种介质，其上可以运行其他类型的“产品、服务、体验”，而可以不再与新闻相关。此时，它可能成为一个成功的平台，而不再是媒体机构。对于传统媒体转型互联网时，是保存媒体的印记好呢还是彻底清除的好？这取决于判断的标准：是坚守媒体理想还是成者为王？

虽然我们做了大量的努力试图让传统媒体下出新媒体的蛋，让媒体开出互联网的妖艳之花，可是，我总心存疑虑：新闻媒体似乎总有那么一些特性是无法完全用互联网的经验与操作来实现的，或者说如果完全按照互联网的经验操作并收获成功之时，媒体亦不是媒体了。这一切源于：新闻是一种特殊的产品！媒体机构是一个特殊的社会组织！它不仅生产信息满足用户的即时消费，更重要的是它生产意义，凝聚共识，为未来书写记忆！而这一切注定要我们始终思考：如何能走向远方却不忘初心，面朝大海春暖花开？




（作者系新媒体专家、传播学博士、经济学博士后、北京大学新闻传播学院兼职教授）

**注释：**

①数据来源：浙江日报报业集团传媒梦工厂报告

热点话题「阿里入股第一财经」

# 热点话题「阿里入股第一财经」

# 一财引入阿里：转型做强做大的有效途径

□梁泽方　范以锦

梁泽方

今年上半年，媒体融合转型最为重要的事件就是阿里巴巴斥资12亿元人民币入股SMG旗下第一财经。媒体融合转型说了几年，也有许多实践，但成功的案例并不多。如今，一财引入阿里，借助资本的力量和技术、平台、大数据的支撑去完成媒介融合，被认为是一条比较有效的途径。当然，这还要经过实践的检验，尤其是要实现打造“中国版彭博社”的目标，更是需要内外部环境的优化。

## 打造强大新型媒体集团既是国家决策，也是业界有识之士雄心勃勃的计划

这一重大事件发生在上海并不意外，上海聚集了一批试图打造强大媒体集团的人才，而其中的领军人物更是对国家政策和当地政府的决策心领神会。只要有机会，一定大展身手大干一场。

推动传统媒体和新兴媒体融合发展的标志性事件，是2014年8月18日中央全面深化改革领导小组第四次会议。会议审议通过《关于推动传统媒体和新兴媒体融合发展的指导意见》，习近平总书记在会上发表了讲话。习近平强调，推动传统媒体和新兴媒体融合发展，要遵循新闻传播规律和新兴媒体发展规律，强化互联网思维，坚持传统媒体和新兴媒体优势互补、

一体发展，坚持先进技术为支撑、内容建设为根本，推动传统媒体和新兴媒体在内容、渠道、平台、经营、管理等方面的深度融合，着力打造一批形态多样、手段先进、具有竞争力的新型主流媒体，建成几家拥有强大实力和传播力、公信力、影响力的新型媒体集团，形成立体多样、融合发展的现代传播体系。这一重大决策出台之后，肯定要有先行者，而上海较其他地区，更有条件做。

除了人才因素、大上海的市场环境之外，政府力量的推动也是重要的因素。第一财经引入阿里巴巴，虽未看到政府的直接说法，但潜在的力量业内都清楚。近年来，上海市领导多次就媒体的发展召开会议听取意见，并到媒体调研。上海两大报业的合并，都看得出政府力量的推动。上海国际金融中心的构建，需要有适应互联网发展趋势的实力雄厚、技术强大的高端媒体助力。第一财经引入阿里巴巴，将有力提升数据服务市场的能力，助推上海经济发展。这点政府是很明白的。作为媒体也明白，社会资本进入媒体是需要政府批准的，对人的布局当然政府也要过问。从人员布局上来看，当然是任用了懂得市场开拓、资本运作和内容产品开发的人才。而上海的媒体领军人物，也有试图通过资本运作打造千亿级传媒集团的计划。几方面的默契，促成了这一媒体融合大动作的实施。

传媒业界的许多有识之士越来越明白，要打造强大的媒体集团，务必要跨媒体、跨地域、跨行业发展。这几年随

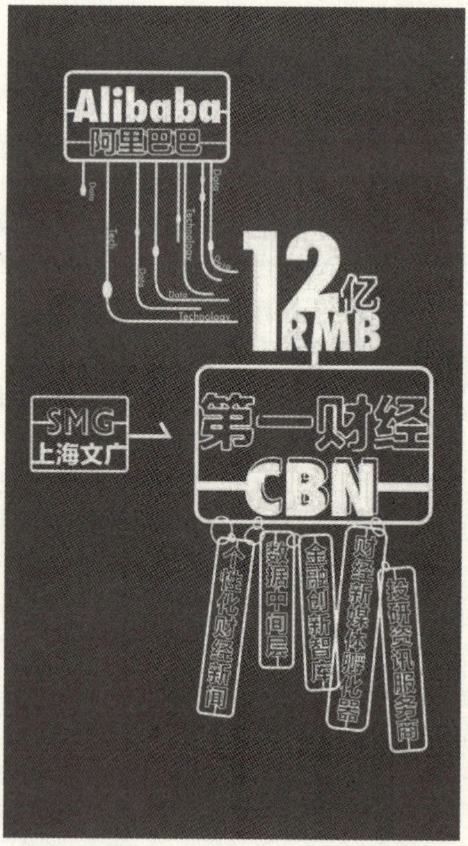

着大数据时代的到来，传统报业的发展思路也在悄然转变。面对传统报纸发行量与广告收入的下滑，一些报业为了走出困境，相继采取跨行业的经营策略。比如大众报业集团就曾于 2011 年投资 10 亿元成功整合山东广电网络公司，推动传统报纸、有线电视、网络媒体三者的融合，将自己打造成为全面覆盖山东地区的大型现代化传媒集团，然后依托主业的品牌优势获取土地资源并吸引战略投资，为集团各项事业提供资金保障。与此同时，集团还搭建了大众文化投资控股有限公司与山东大众创业投资有限公司两大投融资平台，进而拓展资本运营空间。在传统媒体经营普遍不景气的背景下，大众报业集团适时提出加快做大报业、有线电视、新媒体三大传媒产业线的发展策略，实现由报业集团向传媒集团的转变，随后加快做强文化园区、楼宇经济、发行物流、印刷、会展等衍生板块，再完成由传媒集团向文化企业集团的转变。



依靠跨行业经营取得成效的还有浙江日报报业集团，他们也通过介入出版、影视、游戏等领域奋力在困境中突围。2013 年 4 月浙报集团控股的浙报传媒以 32 亿元收购盛大网络旗下边锋浩方两家游戏公司。半年后，浙江日报报业集团有关领导称“边锋今年完成的营业利润不低于 2.7 个亿，这个产出超过了浙报 35 个媒体的总和”。浙报集团通过收购游戏，不仅能在资金上反哺报业，还可以将传统媒体流失的受众争取回来，获得宝贵的用户资源，从而推出基于用户数据的新闻产品，使传播更具针对性。

继前面两家报业之后，第一财经的跨界又有其与他人不同的路径，阿里巴巴以 12 亿元资金战略入股第一财经，创下了近几年来媒体投资之最。

双方的合作实际上早在去年便已开始。2014 年 11 月，阿里巴巴董事局主席马云个人间接控股的恒生电子引入第一财经、蚂蚁金服、宁波云汉作为投资者，对其控股子公司恒生聚源进行增资，增资规模约为 3.9 亿元人民币，其中，第一财经在恒生聚源占股 29.9%。

互联网的进步就在于它打通了受众与受众、信息与信息之间的关系，互动与共享是未来发展的趋势。以大数据为关键词的互联网时代下，“开放”正在成为越来越多人的共识，媒体想要做大做强，需要有一种“开放”的精神，积极取长补短，在恰当的时机实现跨区域跨行业的合作与发展，进而在未来的市场中实现共赢。



## 聚合优势另起炉灶的外生型转型更有可能成功

传统媒体这几年来都积极地谋求转型发展，但成效不大。这次第一财经引入阿里巴巴，以全新的公司制进行运营，可看作是聚合双方优势另起炉灶的外生型转型。

这些年传统媒体往新媒体融合转型之所以收效不大，主要是沿用传统媒体运营的思路去做新媒体，也与没有足够的资本、人才乃至技术、平台的支撑有关。而且，传统媒体介入新媒体的转型试图走内生型的路径，即在现有体制、机制和“二次销售”模式不变的状态下去运作。相当多的是“小打小闹”地推进，动作大的则建立类似“中央厨房”这样的集成平台，把采集的资讯集中在统一平台上，完成对资讯的调配、组合，然后通过各种介质传播，派生出多种满足不同用户需求的资讯产品，最大化利用资讯。这种内生型的转型，从内部流程改造开始，通过技术手段倒逼工作习惯改变。从理论上来说这是一种设计相对完美的转型，但自我的改变总是一件非常痛苦和艰难的事情，涉及到整个治理结构的调整和现有利益格局的彻底打破。在现有报纸的管理体制和机制之下不易做好。而且，现在是窄众时代，产品要适应各类不同窄众群体的需求，统一采购到“中央厨房”的产品如何适应各类用户特殊需求，是不容易做好的。

根据互联网的特性，单靠内部的变革进行的内生型转型是不够的，必须通过外力的推动，创建新的机制才能达到良好的效果。这次第一财经引入阿里巴巴，不仅仅是产品和服务上将有较大创新，在组织架构、运营机制上也有大动作。阿里巴巴并非只是资本进入，而且要通过参与运营，与 SMG 集团一起再造全新的第一财经。阿里巴巴是优秀的互联网公司，运营理念先进，运营手段娴熟，运营效益显著。在“互联网 +”时代，第一财经引进这样优质的合作者，将能通过外部的力量，把新媒体的优势和进行金融信息服务的优势充分发挥出来。

合作双方都看中了对方的价值，合作后将两方的优势都聚合在一块了，弥补了各自的不足。

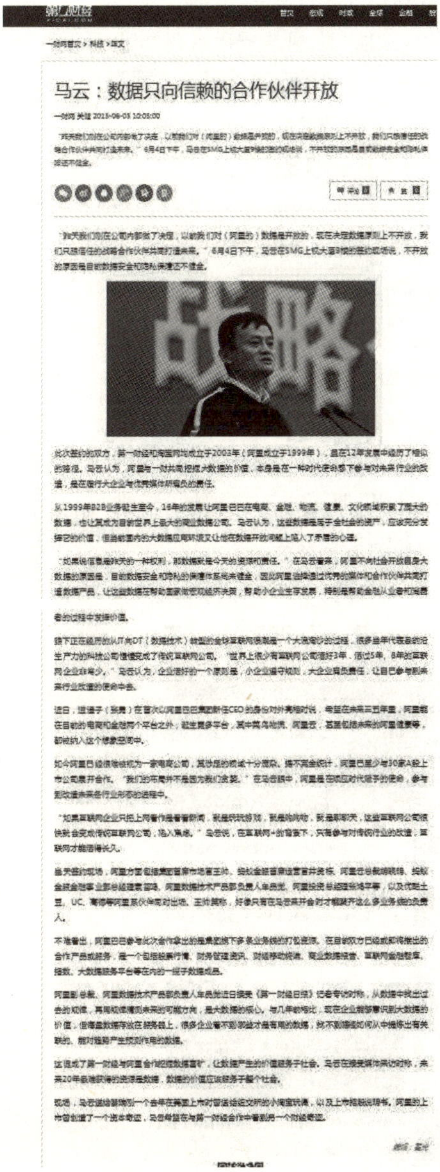
马云：数据只向信赖的合作伙伴开放

一财网 2015-06-05 10:05:00

第一财经看中的是阿里巴巴的大数据和流量。数据和流量，是传统媒体在做新媒体时希望能获取的重要资源，第一财经通过这些年的实践，深知自身由于技术、平台的有限和机制的束缚，很难在数据和流量方面实现突破性的进展。作为新引入的合作伙伴，阿里巴巴现在已经是全球最大的商业数据公司，支付宝流量、阿里流量都是显而易见的庞大。阿里巴巴旗下电商平台主要有淘宝网、天猫、聚划算、全球速卖通与阿里巴巴国际交易市场、1688，此外阿里云计算于 2009 年 9 月创立，致力于向淘宝系平台卖家以及第三方用户提供互联网计算服务，包括数据采集、数据处理和数据存储。

财经内容需要以强大的数据资源作为支撑，用户数据、移动终端的地理信息、物联网信息等，都成为大数据时代媒体新闻生产中重要的数据来源。尤其对于具有持续数据形成机制行业或领域如金融业的信息采集，用户数据信息在此类媒体的新闻生产中将扮演更为重要的角色和地位。这些数据成为记者发掘新闻选题、拓展新闻深度的重要信息资源。①作为媒体供应商的第一财经主打财经新闻，其对数据的设备、专业的团队依赖程度相当之高，而阿里巴巴正好具有这方面的优势。阿里巴巴大数据负责人曾在“2014 西湖品学大数据峰会”上披露过阿里巴巴的数据储存情况，目前在阿里数据平台事业部的服务器上，攒下了超过 100PB 已处理过的数据，等于 104857600 个 GB，相当于 4 万个西雅图中央图书馆，580 亿本藏书。仅淘宝和天猫两个子公司每日新增的数据量，就足以让一个人连续不断看上 28 年的电影。总之，阿里巴巴不仅是一家电子商务公司，还是一个庞大的数据库，其中包括着各种交易数据、支付数据和物流数据，如此丰富的数据资源将为第一财经深入了解用户，提升产品品质，实现转型发展提供巨大帮助。

阿里巴巴看中的则是第一财经做经济信息的专业能力。阿里巴巴虽有强大的数据生成能力，但如果要精加工，依然需要做专业内容的运营人员。成立于 2003 年的第一财经是一家集广播、电视、日报、网站、杂志、研究院、新闻社、无线、学院等诸平台于一体的中国专业财经媒体品牌，其以专业投资者为受众定位，不仅与全球著名财经传媒 CNBC 是战略伙伴关系，还曾与指数提供商道琼斯联手推出“道琼斯第一财经中国 600 指数”，是一家跨媒体、跨地域、跨行业的专业财经资讯供应商。第一财经长期积累沉淀的财经资讯生产、编辑、处理经验和能力是阿里巴巴最为看重的价值。有了合作伙伴对数据做精细加工，在支付宝、手机淘宝等移动端产品中全面导入第一财经的商业财经数据之后，将进一步提升用户的黏性。与此同时，这次合作将提高阿里巴巴在各领域积累的内部数据的使用效率，让数据在流通中体现更大价值。

一直以来，传统媒体在产品定制化方面难以取得有效突破，一方面，内部缺乏数据支持，难以准确描绘用户特征，另一方面，生产成本过高，

如果没有很好的分销端，定制化产品往往无法实现自给。第一财经引入阿里巴巴或许能够解决这一难题。将大数据技术引入媒体，可以实现信息生产者与接收者的对接，从而弥补目前市场环境下双方的沟通断裂。合作之后的新的第一财经将以此为契机整合旗下日报、通讯社、研究院等渠道的内容成立内容中心，构建汇聚行业精英和专家的互联网金融智库。此外，双方还将广泛采集全市场的多元数据，联合打造商业大数据服务平台，推出数据库、指数、数据资讯、研究报告等多种形态的产品，以提升全社会各领域的数据化服务水平。通过合作，共同打造一家中国最大的投研资讯服务商。



## “中国版彭博社”仍需拭目以待

“阿里、一财”模式引发了强烈的反响，其打造“中国版彭博社”的计划更是令人瞩目。纵观全球的财经媒体，目前彭博社的商业财经数据应用和商业化是很成功的。能否打造出“中国版彭博社”，除了自身的努力，还需要外部环境的优化。

在传统媒体普遍陷入困境的转型期，彭博社的盈利模式时常被视为一种变革的方向。创建于 1981 年的彭博社是全球领先的信息服务、新闻与传媒公司，其在数据挖掘过程中寻找新闻线索，进而产生具有新闻价值的议题。与很多大型国际媒体不同，彭博社一开始从事的就是数据服务，之后才拓展到新闻业务。②这一发展方式使其十分重视数据的地位，同时

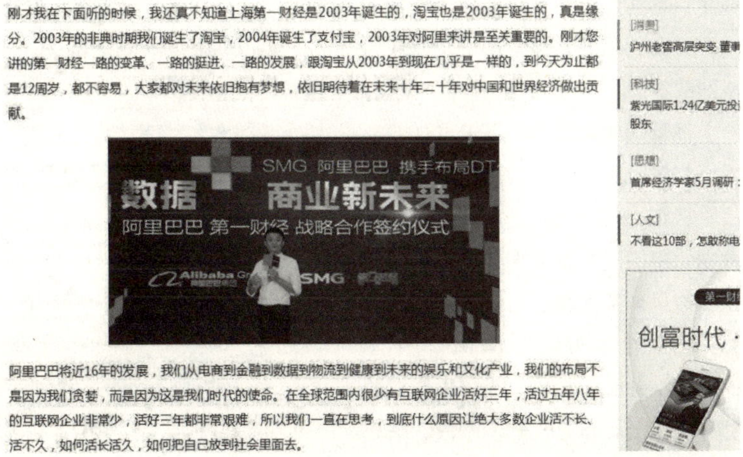
刚才我在下面听的时候，我还真不知道上海第一财经是2003年诞生的，淘宝也是2003年诞生的，真是缘分。2003年的非典时期我们诞生了淘宝，2004年诞生了支付宝，2003年对阿里来讲是至关重要的。刚才您讲的第一财经一路的变革、一路的挺进、一路的发展，跟淘宝从2003年到现在几乎是一样的，到今天为止都是12周岁，都不容易，大家都对未来依旧抱有梦想，依旧期待着在未来十年二十年对中国和世界经济做出贡献。



阿里巴巴将近16年的发展，我们从电商到金融到数据到物流到健康到未来的娱乐和文化产业，我们的布局不是因为我们贪婪，而是因为这是我们时代的使命。在全球范围内很少有互联网企业活好三年，活过五年八年的互联网企业非常少，活好三年都非常艰难，所以我们一直在思考，到底什么原因让绝大多数企业活不长、活不久，如何活长活久，如何把自己放到社会里面去。

也在长期工作中积累了分析数据的经验。

彭博社向客户提供专业化的定价与财务分析方法，以减少客户对中介机构服务的依赖性。彭博社的旗舰产品“彭博专线服务”，将新闻、数据、分析工具、多媒体报告和“直通式”的处理系统整合在单一的平台上，成为众多金融机构争相购买的对象。彭博社还为客户提供产业分析和投资策略，昂贵的收费使彭博的用户基本上是全球顶级的投资银行、跨国公司和新闻媒体等。③目前，彭博已成为全球金融投资的首选平台，年营业收入超 50 亿美元。

在此之前，国内媒体不乏进军金融数据业务的尝试，比如第一财经在与阿里巴巴合作前，就曾投资过上海贝格计算机数据服务有限公司；而依托新华社和新华社金融信息平台的新华 08 也曾与中国人民银行、证监会、银监会、保监会以及国内 70 多家商业银行、近百家券商和基金公司等金融企业合作打造中国金融信息领域的发布平台。然而，这些都不足以成为成熟的案例。

尽管国内媒体暂时还未形成像彭博一样的盈利模式，但根据美国权威战略咨询机构 Burton-Taylor 发布的数据，中国的金融数据服务市场近年来虽然呈现高速增长态势，但总量依然只占到全球市场的 1/30，与中国的经济地位极不相称。而中国商业数据服务市场更是处于起步阶段，缺乏

权威的产品和服务商，因此致力于金融数据服务的媒体具备极大发展潜力。④

第一财经与阿里巴巴联姻，主动引入互联网基因，可以加快其转型升级的步伐，阿里巴巴的用户规模，庞大的数据库，以及巨大的流量优势都能成为第一财经转型过程中的助推器。然而转型能否获得最终的成功，尤其是能否打造出“中国版彭博社”，有诸多因素。作为本是体制内运行的第一财经，从内生型的转型到外生型的转型并非是一次简单的迁徙，而是一场巨大的变革。这种变革不仅会触及到内部组织结构、运行机制的变化，还会涉及国家现行政策的某些方面的突破。因此，一方面自身要与时俱进，不断调整思路，并与合作方协调、理顺各种关系；另一方面就是需要外部环境的优化。国家产业政策的调整、引导，地方政府的资源配置，都是非常重要的。早些年就有过“跨媒体、跨地域、跨行业发展”的说法，但这一产业政策在具体实施过程中都有很大变数，时而放松时而收紧。因此，需静观市场、政策等诸多因素的变化，SMG与阿里巴巴的合作能否打造出中国版的彭博社仍需拭目以待。

（作者梁泽方系暨南大学新闻与传播学院硕士研究生，范以锦系暨南大学新闻与传播学院院长、教授）

注释：

①杨保达：第一财经“全媒体战略”的10年问题考察[J].新闻大学，2013-04-15.

②杭敏：财经新闻报道中数据的功用——以彭博新闻社财经报道为例[J].新闻记者，2015-02-05.

③万丽萍：汤森路透VS彭博社[J].新闻战线，2012-09-1.

④齐鲁晚报：阿里巴巴入股第一财经传媒[N]，2015-06-04.

参考文献：

[1] 高韵斐：后危机时代与第一财经的战略转型[J].2009第七届亚洲传媒论坛·第二届亚洲城市论坛论文集，2009-08-16.

[2] 徐佳：始终专注于财经信息——彭博的启示[J].传媒，2010-08-15

# 媒体转型的有益探索

□郭全中

郭全中



2015年6月4日，阿里巴巴和SMG在上海联姻。几个月前，虽然外面传得沸沸扬扬，但由于各种原因阿里巴巴没能参与百视通吸收合并东方明珠的重大重组，在几个月后终于成功以12亿元巨资入股第一财经传媒有限公司（以下简称“第一财经”），占股36.74%，成为第二大股东，方式为吸收一些老的小股东股份以及增资扩股。

双方在战略合作协议签约仪式上表示，将充分发挥各自在传媒与大数据领域的资源优势，共同将SMG旗下的第一财经，打造成具有全球影响力的新型数字化财经媒体与信息服务集团，也就是打造“中国彭博社”。实施主体是第一财经新设的全资子公司第一财经新媒体科技有限公司（以下简称“第一财经新媒体”）。坊间有击节赞赏者称为“媒体融合成功的样本”，也有人称之为“成功包养”。我个人认为“样本说”为时过早,而“包养说”则是酸溜溜了，这是转型的有益探索，效果还需要时间来检验。

## 一、基于大数据的信息智能服务商是转型方向

当前，传统媒体陷入困境的根源在于用户连接失效，表现为：用户流失导致“二次销售”商业模式的坍塌,进而导致骨干人才大量流失。因此，传统媒体要真正实现转型，就必须吸引用户，重新建立用户连接。那么如

何重新建立起用户连接呢？关键在于打造大数据信息资源平台系统以吸引用户，建立起巨型的用户连接，并实现有效的用户沉淀，进而实现真正转型。

科学有效的大数据信息资源平台系统由大数据信息资源平台、开放的内容采编和分发平台、用户画像平台、全媒介传播渠道、用户沉淀平台等平台构成，具体见图 1。

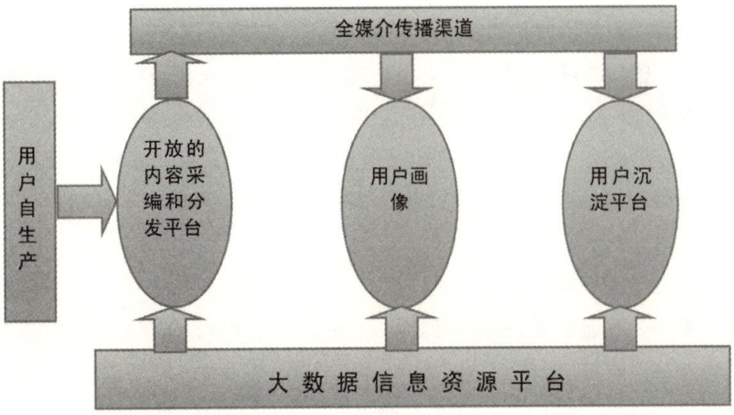


图 1　大数据信息资源平台图

该平台可以通过信息服务和各类服务来吸引用户注册和登录，并运用大数据技术对用户的关系和需求进行“画像”，通过对用户多层面、多维度的画像，可以更为准确地分析出用户个性化、精准化的潜在需求。在此基础上，大数据信息资源平台能够通过技术手段低成本地实现信息和用户个性化、定制化的需求之间的智能化匹配，这样更能满足用户的潜在需求，使得用户对平台上的信息和服务形成依赖和信任。这种高粘度能够有效地留住用户，达到用户沉淀的目的，进而重建用户连接。

## 二、目的是打造基于大数据的“金融数据服务商”

### 1. 双方的合作为达成此目的奠定了坚实的基础

随着互联网和大数据技术的快速发展，我们已经真正进入大数据时代，与之前不同的是，基于大数据的“金融数据服务商”已经成为可能，尤其是第一财经和阿里的深度股权合作使得这种可能性更高。

在阿里方面，一是阿里巴巴是我国大数据资源最为丰富，大数据能力最高的公司；二是阿里巴巴已经是全球最大的商业数据公司，在交易、支付、物流、健康、文化等领域积累了巨型的高价值数据，而且鉴于这些数据的巨大价值，阿里并不准备对外部开放，唯有合作才能真正使用这些数据；三是在阿里的平台上汇集数以亿计的活跃用户，其中为数不少的是高净值用户。根据阿里巴巴的财报显示，截至 2015 年 3 月 31 日的 12 个月里，阿里中国零售平台上的活跃买家达 3.50 亿，同比增长 37%，比去年同期增加了 9500 万。这些用户需要高质量、个性化和定制化的金融信息服务，为这些用户提供高质量的金融数据服务的市场潜力巨大。

在第一财经方面，第一财经是中国第二大传媒集团上海文广新闻传媒集团旗下的知名媒体品牌，旗下拥有第一财经电视、《第一财经日报》、第一财经广播、《第一财经周刊》、一财网等 5 大媒体平台，具有强大的专业分析和整合能力。可以看出，第一财经既有电视、广播，也有报纸、期刊和互联网等传播平台，其信息涵盖了文字的、音频的和视频的所有信息形态，能够有效地满足用户需求。

**2. 二者早已开始深度合作**

其实，二者的合作早已开始。2014 年 4 月 3 日，阿里以 32.99 亿元的价格收购进而成为恒生电子的实际控制人，同年的 11 月 23 日，恒生电子发布公告，称旗下子公司恒生聚源将引入第一财经的投资，第一财经、蚂蚁金服、宁波云汉共同投入 3.9 亿元。增资后，第一财经持有恒生电子子公司恒生聚源 29.9% 的股权。据介绍，恒生聚源是目前国内主要的金融资讯供应商之一，向金融机构和投资者提供投资终端、聚源终端、基础数据库、接口数据库、应用数据库等产品线。

**3. 第一财经新媒体的运作**

目前，第一财经新媒体已经成立，主要业务包括投研资讯产品体系建

设、财经数据移动终端研发、互联网金融智库组建等。

根据相关报告，双方在如下领域开展了实质性合作：基于拥有数亿用户的支付宝，第一财经已成为其股票行情系统的资讯服务商，第一财经财富管理资讯很快也将登陆手机淘宝；立足于数据的 DT 财经移动终端正在全力研发中，预计今年 8 月上线；通过对阿里巴巴部分电商大数据的整合挖掘，双方将在 6 月联合发布国内第一份《中国消费大数据报告》；汇聚行业精英和专家的互联网金融智库也将于近期成立。此外，双方还将广泛采集全市场的多元数据，打造高品质商业大数据服务平台，推出数据库、指数、数据资讯、研究报告等多种形态的产品。

SMG和阿里巴巴携手布局DT传播时代

一财网 2015-06-04 13:28:00

SMG和阿里巴巴联合在沪宣布，双方将充分发挥各自在传媒与大数据领域的资源优势，共同将SMG旗下的第一财经，打造成具有全球影响力的新型数字化财经媒体与信息服务集团。

6月4日，中国领先的传媒集团——上海文广集团(SMG)和全球最大的电商平台——阿里巴巴集团联合在沪宣布，双方将充分发挥各自在传媒与大数据领域的资源优势，共同将SMG旗下的第一财经传媒有限公司(下称“第一财经”)，打造成具有全球影响力的新型数字化财经媒体与信息服务集团。双方当天就此举行签约仪式。

据透露，阿里巴巴将投资12亿元人民币参股第一财经，与第一财经共同开拓市场潜力巨大的数据服务领域。此举将有力提升中国数据服务市场的能级，并助力上海国际金融中心的建设。作为双方合作的第一步，第一财经新媒体科技有限公司已经成立，投研资讯产品体系建设、财经数据移动终端研发、互联网金融智库组建等各项业务都在积极推进之中。

马云与黎瑞刚携手“对接力量”

中国经济正进入转型升级的“新常态”，而在这一过程中，如何运用新兴的大数据技术、云计算技术、移动互联网技术，支持产业升级、创新发展模式，是从政府决策部门到产业界都极度关注的话题。当前，以控制为出发点的IT时代正在走向以激活生产力为目的的DT(data technology数据技术)时代。这不仅仅是技术的升级，更是思想意识的巨大变革。“人类正从IT时代走向DT时代”，大数据是未来商业社会的基础设施，驱动着商业的变革。

黎瑞刚和马云在现场

阿里巴巴现在已经是全球最大的商业数据公司，在电商、金融、物流、健康、文化等领域积累了庞大的数据，但这些数据目前大多数仍滞留在阿里体系内流动。数据流通才能发挥价值，只有建构数据分享的机制和产品，提升数据使用效率，使数据更好地服务于经济和生活，才能真正使社会在数据时代全面均衡的发展，提升各类商业活动的效率和质量。

而SMG旗下的第一财经，作为中国最具实力的专业化财经媒体集团，多年来对商业趋势有着前瞻性、全局性的观察。此次双方的合作将成为数据社会化构建的重要一步。第一财经将在阿里巴巴的商业大数据和其他商业数据来源的基础上，依据自身强大的专业分析和整合能力，以大数据的媒体化、资讯化、定制化应用为契机，一方面拓展财经媒体业务发展的深度与广度，一方面积极探索大数据商用的路径，实现在DT时代的新媒体变革。

目前，双方在多个领域已经开展了实质性合作。其中包括：基于拥有数亿用户的支付宝，第一财经已成为其股票行情系统的资讯服务商，第一财经财富管理资讯很快也将登陆手机淘宝；立足于数据的DT财经移动终端正在全力研发中，预计今年8月上线；通过对阿里巴巴部分电商大数据的整合挖掘，双方将在本月联合发布国内第一份《中国消费大数据报告》；汇聚行业精英和专家的互联网金融智库也将于近期成立。此外，双方还将广泛采集全市场的多元数据，打造中国独一无二的高品质商业大数据服务平台，推出数据库、指数、数据资讯、研究报告等多种形态的产品，以提升政策制定、学术研究、商业决策、投资参考、消费引导等全社会各领域的数据化服务水平。

## 三、成功的关键在于能否互融互通

尤其需要指出的是，要打造基于大数据的“金融数据服务商”，既需要巨量的大数据资源为支撑，又需要把数据转化为个性化、定制化的金融信息。这就需要实现“数据”和“新闻资讯”之间的“混”和“通”，在大数据思维和互联网思维的指导下双方真正融合在一起，也就是说双方必须深层次合作，否则就难以真正实现目的。

“互融互通”既需要“混”成一片又需要相“通”相容。在“混”成一片方面，第一财经新媒体数据部的人员要和第一财经新闻部、业务部的人员混在一起，只有这样，才能够真正理解新闻部和业务部的需求，否则就会变成数据部和新闻部、业务部多套话语体系而难以有效融合，进而导致难以相互理解。在相“通”相容方面，第一财经新媒体的数据部和第一财经新闻部、业务部之间必须互相配合，新闻部、业务部应带着业务问题看数据，或者数据部带着数据来看业务，一方面实现业务问题和数据问题之间的“通”，另一方面实现部门数据和部门数据之间的交叉和互通。通的关键是从事业务问题的和从事数据问题的能够具有相同的话语体系。

值得肯定的是，双方这次已经深刻认识到互融互通的重要性，在制度和运营上进行了精心设计和安排。一方面这次不是普通的投资，而是由SMG和阿里巴巴联合对第一财经的重组再造。另一方面，阿里这次也不同于以前的很少参与参股公司的实质运营，而由具有丰富财经媒体经验、原天下网商董事总经理、原阿里媒体投资运营总监的黄磊担任第一财经新媒体的总经理来操盘实质经营。



综上所述，双方通过合作，已经具备了数以亿计的用户、庞大的数据、数据的分析和整合能力、投资终端等，从价值链上已经具备了类“彭博”的形式。当然，要想打造“中国彭博”绝不是一日一夕之功，还需要付出艰辛的努力和汗水，更需要机遇垂青！

（作者系国家行政学院社会和文化教研部高级经济师，管理学博士。本文是作者主持的国家社科基金重点项目《新媒体环境下传统媒体的转型战略研究》的阶段性成果，项目批准号：13AXW006）

# 本期焦点「FUN新闻」

本期焦点「FUN新闻」

## 编者按

移动设备的迅速普及，使人们得以随时随地消费新闻，也因此造就了追求“轻阅读、短平快”的阅读习惯。在此背景下，做有趣的新闻，正成为不少移动端开辟新栏目或新项目的发力点。网易新闻客户端的《每日轻松一刻》、腾讯新闻客户端的《新闻哥》、新浪新闻客户端的《囧哥说事》，以及新京报新近试水的“热门话题”APP等，无不强调对新闻趣味性的探求。于是，在严肃新闻之外，我们看到了一种迥异于传统的表达形式——串烧化的新闻拼接，吐槽式的文本、让人脑洞大开的各类文图搭配……

从纸端到PC端到移动端，从严肃化到轻悦化，有业内人士断言，新闻内容呈现形式的颠覆性时代已经来临。以有趣对抗无趣，会是传统媒体向移动端转移、拥抱移动端用户祭出的一招“化骨棉掌”吗？本期邀请相关栏目的主创者，讲述在移动互联网平台做新闻的新思路。

漫画　曹一

# 《每日轻松一刻》：一种新的新闻表达形式

□曲艺

曲艺

网易新闻客户端《每日轻松一刻》栏目，可以说是国内移动阅读终端上的第一档主流的“FUN 新闻”栏目。它的出现，是建立在我们对移动新闻形态的思考、对新闻客户端竞争形态的理解，和对移动时代读者特性的分析之上的。

## 一、《轻松一刻》的特征是什么？

2012 年 9 月 13 日，网易新闻客户端推出《每日轻松一刻》栏目。根据我们的定义，《每日轻松一刻》（以下简称《轻松一刻》）是国内第一档针对移动终端的、对社会热点进行调侃式解读和盘点的轻娱乐新闻栏目。目前栏目的日均新闻跟帖达到 2 万条，日均页面浏览量超过千万。

初看上去，《轻松一刻》在文字段落之间搭配各种搞笑的段子和图片，像是一个大杂烩；但文章其实有着自己内在的逻辑以及信息采集和加工体系。

### 1. 图文混排的长文章样式

由于手机屏幕相对电脑屏幕来说要局促得多，在手机上进行纯文字的阅读，往往难以完全集中注意力。因此，《轻松一刻》从一开始便设计为文字搭配图片的模式。以文字阐述为主，每段或者每几段文字后搭配配合语境的图片（以轻松搞笑的类型为主）。这样一方面扩大了新闻阅读的视觉空间，另一方面，也延长了读者的阅读时间，成为名副其实的“一刻”。

**2. 新闻热点 + 段子 + 搞笑图片 + 跟帖评论的文章内容**

与新闻热点同步，是《轻松一刻》始终保持新鲜感的根本。我们认为，每天发生的新闻，是现实中最精彩的剧本，远超出任何剧作家的想象。围绕热点，编辑构思文章的主题，采集网友相关的评论，借用段子调侃现实，由此形成文章。

**3. 网友互动板块被置于文章显著位置**

《轻松一刻》中设计了网友“上榜”、“每日一问”、“每日一图”、真人秀等互动环节。“上榜”，是将网友在当期文章后的精彩跟帖截图，呈现在下一期的文章中，予以点名表扬。

**4. 编辑作为引导者和参与者，被鼓励在文章中与读者积极互动，体现个性**

《轻松一刻》的“美女主编”“胖编”“表侄女”“实习小妹”等形象，均由小编真实演绎，并在文章中接受网友的编排和调侃，积极互动。

**5. 出稿速度和数量均要求极高**

出稿的速度和数量，是《轻松一刻》被问及非常频繁的话题。目前，《轻松一刻》平台下，8 人的编辑团队，每天需要出两期图文版（每周 12 期，每期约 2500 字，80 张配图），每周要出 8 期音频栏目和 1-2 期视频栏目。此外，还有部分衍生原创栏目的更新。

## 二、为什么要做《轻松一刻》？

我在 2011 年下半年从传统媒体加入新闻客户端，是网易新闻客户端第一个专职的原创编辑。可以说，因为差异化竞争的需要，新闻客户端势必加大在原创品牌上的建设。

**1．新闻客户端的直接竞争**

从应用商店耗费流量下载安装并更新，导致新闻 APP 的安装成本相对是较高的，所以，读者一旦认可某个平台，便具有相当的稳定性。这也是新闻客户端竞争激烈的原因之一。



新闻客户端发展初期，首先平移了 PC 端的新闻运作，讲究发稿的速度和全面，讲究新闻 PUSH（推送）的时间。当然，这体现了一个新闻团队基本的整体素质；但相对来说，这种“你有我有全都有”的新闻载体发展模式，对读者而言，缺少明显的辨识度。在内容为王的时代，原创栏目的竞争便成为理所当然，肩负着新闻客户端差异化的重任。

**2．新闻客户端与 PC 端的差异化考虑**

长久以来，新闻门户网站在“海量、快速、全面”的竞争环境中，大家都拥有可观的读者群，但却没有形成稳固的用户群。除数量相对较少的独家专题策划——PGC（专业产生内容）之外，很难发现几家门户的明显区别，自然也就比较难形成品牌忠诚度。

可以说，在调动用户通过 UGC（用户产生内容）的方式产生新闻内容方面，网易跟帖在 PC 端就已经形成了比较显著的品牌优势，但在新闻客户端时期，仅发动读者还不够，编者也需要作为文章的引导者和参与者，共同参与到文章创作中，实现 UGC 和 PGC 的统一。

**3．新闻客户端内的原创新闻差异化创作**

2011 年，微博发展火热。但在严肃新闻之

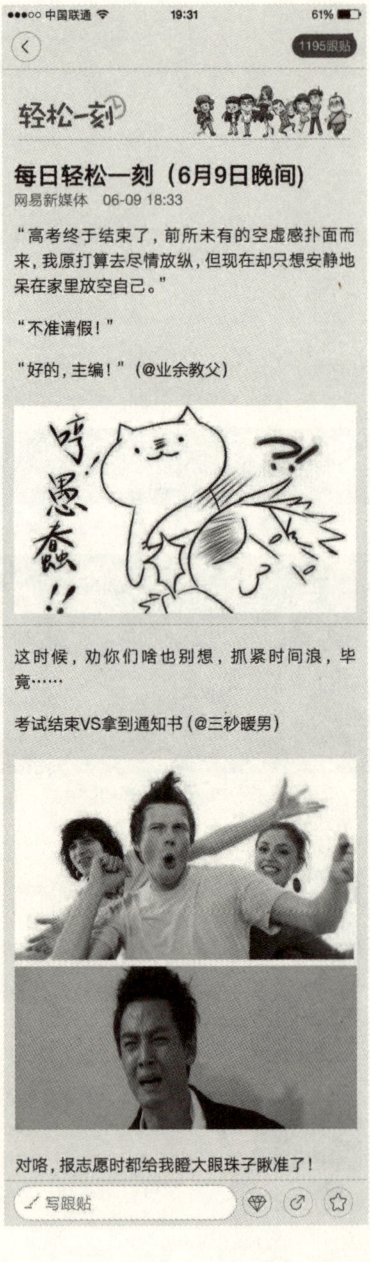

外，新闻客户端对社交媒体上产生的热点信息挖掘（即尚未公开报道的新闻，或舆情精彩的社会热点等）尚比较薄弱。而在 2011 年 10 月开始，网易新闻客户端便开始尝试将每天的微博热点集纳成《微博早晚报》，受到读者欢迎。尽管后来因为某些原因被叫停，但这种信息挖掘的做法以及读者反馈，极大地开阔了我们的思路，让我们意识到，在严肃新闻之外，对信息的采集、加工可以用另外一种相对轻松自由的表达方式输出。

于是，种种机缘下，2012 年 9 月 13 日，从对当天新上市的 iPhone5 的调侃开始，《轻松一刻》正式推出。



## 三、《轻松一刻》的编辑特征是什么？

从非主流到主流，《轻松一刻》的品牌积累其实经历了相当长一段时间。最初，领导建议就是每天搞几个轻松的段子，配几张爆笑图片，满足一下网友的猎奇心理就好。而我们在实践摸索中，还是坚持将文章内容按一定的逻辑关系予以串联，配图必须符合上下文语境，并尽力做到“高级黑”，有一定的寓意和深度在其中。当然，这一切，不是一个编辑之功，每一篇文章，都是团队协作的结果。对社交媒体信息的筛选，对新闻跟帖的整理，对网友互动的策划以及反馈，对新闻选题的把控等，均由不同的编辑配合完成。

在推出 7 个月之后，2013 年 4 月 19 日，《轻松一刻》单期网友跟帖首次超过 1 万条。在以每天固定时间出现，不断巩固加深读者印象的基础上，这一栏目基本完成了对读者市场的培育，随后，也得到了新闻客户端同行的认可。

我们认为，《轻松一刻》作为移动新闻客户端的一个新闻栏目样本，其运营也是基于对读者不同需求层次的挖掘以及满足。

**1. 受到尊重的需要——读者为王**

在“去中心化”的新媒体时代，人人都是传播热点，具有极强的自主判断力。读者不仅不希望被教化，且不满足于“围观”，更希望能够成为新闻的参与者。尽管从专业的角度，UGC 难以生成一篇标准化的新闻作品，但读者在移动互联网时代的分享行为可以极大地重塑新闻生产过程。

根据微信官方此前的表述，对于公众平台的订阅号，“这里面有非常多的阅读量来自于朋友圈，这是符合 2/8 原理的：20% 的用户到订阅号里面去挑选内容，然后 80% 的用户在朋友圈里阅读这些内容。”

这里其实讲的就是分享，移动互联网的精髓所在。媒体是一个信息生产的平台，但如果没有读者在社交媒体上对信息源以及新闻产品的分享，难免曲高和寡。

**2. 自我实现的需要——个性化**

大多数的原创栏目，因为目标受众比较明确，报道的目的是要去引导读者接受自己的观点。而《轻松一刻》的读者群跨度太大、体量巨大，栏目更重要的目的，是要引起读者对文章以及编辑的共鸣。而这种共鸣，首先就要赋予栏目明确的人格，并根据设定，自我实现。

《轻松一刻》团队努力塑造的人物形象特征，大体上是这样的：TA是一个阳光向上的年轻人，敢于自嘲，敢于调侃，有时喜欢收藏几张美女图片或者对着帅哥犯花痴；TA看到社会不平会愤怒，看到市井百态会调侃几句，有时候TA还想表现得文艺和小清新，但却往往被认为骨子里是抠脚大汉；TA遇到不如意的事情的概率挺高的，谈恋爱被甩的几率仅次于樱木花道，TA会因此而情绪不高，但不用太久时间，又会振作起来，继续阳光灿烂。TA，是我们中绝大多数平淡生活，却又不甘平凡的网友的缩影。

**3. 基本的荣誉感/虚荣心需要——上榜**

前面讲到，《轻松一刻》设置了与读者互动的板块——上榜。将用户的精彩跟帖，截取后呈现在下一期栏目中。

最初，这样的设计是编辑无心的“自黑”之举。2012年10月-11月间，栏目处在摸索阶段，每周六值班的编辑风格比较特立独行，常被网友在跟帖中吐槽为“每到周六就放出一只最孱弱的小编”。在安抚略有些沮丧的编辑的同时，我将这样的跟帖截图，直接呈现在周六的文章中，“自黑式”地表达道：“听说在周五的时候，大家已经非常期待我的亮相了。不过，为了给大家惊喜，‘孱弱小编’这次被安排在周日出没……”如此既缓解了尴尬，也使读者意

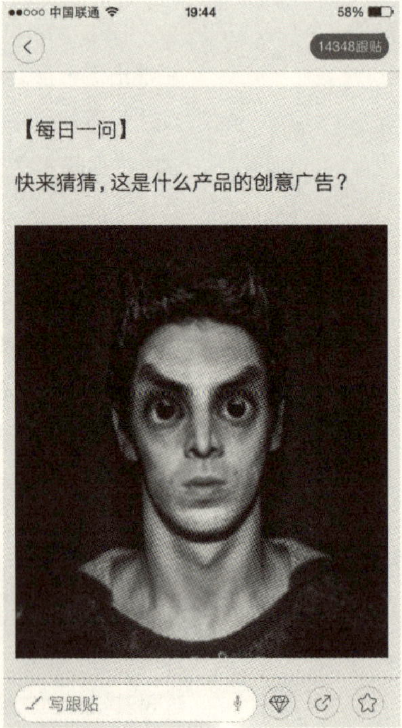

识到，机智幽默的、腹黑的跟帖，有被编辑选中“上榜露脸”的机会。

这是一种源自人性的“荣誉感”的需求。出于版面的考虑，每期可以“上榜”的跟帖不过3-5条，因为稀有，所以跟帖中出现了大量原创的段子，八卦小编的、自残自黑的、感动感悟的，目的都是为了能“上榜”。

**4. 安全需要——编读互动**

如上所讲，《轻松一刻》最初开始被认同，是从“孱弱小编”这样一个自我解嘲的身份开始的。如何才能够让用户觉得安全，没有攻击性？答案是：在与读者的互动中示弱。

“孱弱小编”的出现，符合了读者的几个预期。第一，弱者保护。“一个卖力搞笑的小编，有些笨拙，总被安排在周末加班。如果做不好，有可能被开除。”读者在调侃小编的同时，自然而然生出一种保护的欲望。第二，心理归属。从纸媒到PC端，写作者的才华体现在专栏、专题策划之上，是一种普通人“拜读”的高度。而在移动互联网，小编的形象是“普通人”。

从《轻松一刻》在实际操作的技术层面，我们有几处体会：

**1. 长文章的生命力**

关于文章的长短，《轻松一刻》很长一段时间都存在争议。有人建议缩短长度，不要被15分钟所局限，觉得“读不完”就是一种资源浪费。

而根据我们的用户调查数据，61%的人认为《轻松一刻》应该维持目前“一刻钟”的长度，另有12%的用户认为文章的长度可以再放长。这很有意思。一方面我们认为，现在的阅读应该碎片化，短平快；另一方面，却有如此高比例的人仍钟情于长文章。

坦白说，如果文章缩短是一个大势所趋，

编辑是非常欢迎的，因为这意味着工作量的减轻。但显然，用户数据不支持这种“理想”。用一刻钟的时间，阅读一天的新闻，并拥有了和朋友“吹牛”的谈资，这种成就感很重要。

当然，在长文章的基础上，我们针对细分人群，还推出了《新闻七点整》这样5分钟时间长度的原创音频栏目。

**2. 段子必须建立在新闻的基础上**

插科打诨是最简单的方式，搜集几张搞笑图片也很容易，将段子和图片罗列在一起也不难。但要了解新闻，并在解读新闻时，营造出幽默又不过火的效果，则需要具备较深的新闻素养。

比如，《轻松一刻》在创设初期，遇到两个非常好的题材——“微笑哥”杨达才和“12秒”雷政富。杨达才的浅笑和雷政富被剪辑的12秒视频，在社交媒体上被PS“玩坏了”，这些内容，《轻松一刻》搜集并呈现给网友非常多。但相机偶然一秒的定格所产生的错觉，我们同样予以关注和讨论；对于雷政富情妇的种种猜测，又涉及到真假难辨的隐私曝光和网络暴力，同样需要加以保护处理，而不能如段子手的创作一般百无禁忌。

**3. 深度的、沉重的题材，不是《轻松一刻》的禁区**

“轻松一刻有时候并不轻松”。“我是板着脸读完的。”其实，这是网友的褒扬之词。在很多严肃的社会题材面前，“FUN新闻”个性化的处理方式，反而更能够引起读者的共鸣。

2013年5月20日雅安地震发生当天，正是《轻松一刻》栏目跟帖首次过万条的第二天。国难之时，有同事劝我们，这样一档“开心”的栏目，就不要在当天出现了，容易引起众怒。轻松，并不等同于不分场合的傻笑；沉重，也

不止是手机页面变黑白那么简单。如果可以通过《轻松一刻》，使大家在沉重的情绪中得到部分的宣泄或者寄托，这档栏目也就体现了它的存在价值。于是，我把520当天的栏目标题改为“每日　一刻”，并在摘要中写道“今天，没有轻松，但我们不会缺席……”事实证明，绝大多数的网友不是脆弱的道德帝。

## 四、FUN新闻的冷思考

《轻松一刻》这一类“FUN新闻”，因为其整合的新闻特性，庞大的出稿量和速度要求，可以说，并不是一件完美的新闻艺术品，不可能承载所谓的新闻理想、情怀或者改革的全部；它只是一种新的、事实证明比较成功的新闻包装方式和表达形式——在严肃新闻之外，还可以把热点信息包裹在戏谑的表壳内，拓宽了我们做新闻的思路。

《轻松一刻》栏目马上就将迎来3周年了，用户的认可说明了这类“FUN新闻”的价值所在。但在市场同质化竞争激烈的环境下，创新的成本/代价非常高，因为，复制的收益太具有诱惑力。

新的传播介质还是会不断涌现，以后也必然会有超越新闻客户端的介质涌现。如何适应新的传播形态变化，本质上还是要挖掘人性的本质，研究读者对新闻阅读的各种需求，不断调整，加以满足。

（作者系网易新闻客户端主编）

# 关注热点，制造快乐，引发共鸣

## ——《囧哥说事》栏目的运营之道

□于怡航

于怡航



《囧哥说事》是新浪移动打造的一档轻松阅读栏目。通过发布最具传播力的轻松新闻、整合最新鲜、最热门的社交网络议题、维护栏目与受众间的高频次良性互动等方式，该栏目成为了新浪移动最具品牌价值的原创栏目之一。截止目前，在手机新浪及新浪新闻 APP 上拥有高达 1710 万的订阅用户、单篇文章 PV 超过 300 万。

一

移动端阅读具有碎片化、浅阅读的特点。当手机成为了人身体的延伸，受众的碎片时间被充分利用起来，与此同时也造成了一种负担。正如麦克卢汉在《理解媒介》中所述，“感官的延伸要求我们麻木，电子时代，我们身披全世界”，未经处理的信息如滔滔洪流，“身披全世界”的读者们难免有疲倦之感。而如何在泛滥的同质化内容中脱颖而出，如何与受众一道重享阅读之趣，成为了亟待移动端内容运营者解决的两个问题。

“轻松新闻精编”是新浪移动在面对以上问题时的积极尝试。

首先，我们解决了阅读效率的问题。在一档栏目中提供当天最有阅读价值的多条热门资讯，整合社交网络关于某一潮流话题的讨论，极大程度上减少了读者的阅读负担。在同一篇稿子中，读者可以读到社会趣闻、国

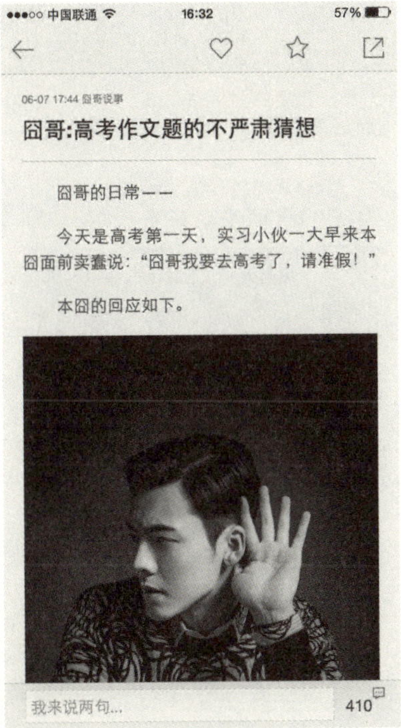


际新闻、娱乐圈八卦、新媒体热图热文等多种类型的内容，而无需分别查看社会、国际、娱乐等新闻板块。编辑对每段新闻都进行了归纳总结，“一新闻一段落”，辅之以新闻图片，使读者得以在更短的篇幅中了解更多的信息。这一方面提高了阅读的效率，另一方面也以碎片化的结构迎合了碎片化的阅读习惯。

此外，我们也留意到了新闻泛娱乐化的趋势。不论是凭借猫猫狗狗榜单图而获得病毒式传播的新媒体网站 BuzzFeed，还是聚合了大量趣图的杀时间利器 9GAG、Imgur，亦或是热衷造谣辟谣的八卦网站 Gawker，这些最具传播力的互联网新秀，胜在提供“有意思”的内容。对于《囧哥说事》栏目而言，输出“有意思”的优质内容是唯一宗旨。

有鉴于此，我们在运营移动端内容时，制定了以下几条策略：

**1. 重选题，最热新闻一个都不能少。**不论是国内的社会新闻，亦或是国外逸闻趣事，凡是在网络上引发广泛讨论（吐槽）的新鲜事儿，我们都会集纳到当日的《囧哥说事》栏目中。

**2. 重时效。**在“有意思”的红线之上，是对时效性的要求。以 2015 年 5 月为例，诸如“英国王妃凯特生女”“黄晓明结婚”“沪市大盘暴跌”等时事热点，我们做到当天发生当天编写，而这些话题的高热度又反过来强化了受众对《囧哥说事》的认知，增强了用户粘性。

**3. 重互动。**栏目虽小，但是 UGC 依然占据了栏目的一块重要版面。“我要上墙”是《囧哥说事》最受欢迎的一个版块。具体来说，就是编辑每日抛出一个互动话题，用户在评论中对该问题加以回答，而评论中的精华答案则由编辑选出，呈现在第二日的正文页中。互动话题力求在情感上获得共鸣，如“说说经历了哪些事，让你突然变成熟了？”也会脑洞大开，引导用户发挥想象力，如“你最想拥有的超能力是什么？”栏目的诙谐基调，使得读者容易卸下包袱轻松作答，经常发生“一本正经说胡话”的情况，精彩的评论又激发更多人参与到讨论中来，形成了良性循环的交互模式。

## 二



如果说以上策略只是纸上谈兵，那么对内容编排细节的苛刻追求则是《囧哥说事》的制胜之道。

图文并茂是《囧哥说事》的一大编排特点。只有将文字与配图巧妙结合，才能别有深意。因此，如何结合上下文语境给出最合适的配图，是栏目制作过程中最耗精力的环节。这一方面考验编辑在流行文化方面的积累，比如对 ACG、欧美娱乐等领域的了解，我们经常用到的“FFF 团”配图就来自日漫；另一方面，编辑的“SQ（搜商）”也十分重要，在谷歌图片、Tumblr、9GAG、Imgur 等网站上输入最准确的关键词，才能找到最合适的配图。可以说，图文配合精彩的现状，是编辑长期积累和深耕的结果。

语言风格方面，《囧哥说事》对时事进行犀利的吐槽、无伤大雅的调侃，风格有趣而不媚俗。不论是因恋上“霸道总裁”刘强东而成为众矢之的的“奶茶妹妹”，抑或是“阴晴不定”的电视剧监管政策，编辑给出的点评既能触到受众的爽点，又分寸得当。在我们看来，栏目需要迎合受众，但下流的联想和言辞激烈、失之偏颇、没有建设性的言论，并不是《囧哥说事》想要的内容和风格。

资料整合方面，我们会铺开内容来源的范围。铺展时间线，讲清一件事情的前因后果，发散式搜罗，梳理所有关于该事件的讨论，使得栏目内容不仅具有娱乐性，也更能提供更大的信息量。

例如“凯特王妃生女”这一条新闻，我们在制作过程中，并未就事说事，而是穿插了有关英国风俗、民情等多个充满趣味的文化元素，包括了“万年待机的伊丽莎白女王”“一脸傲慢鄙视乡巴佬的乔治小王子”“英王室那令人心疼的发际线”等话题内容，以期让用户在轻松笑过之后，有所收获。

叙述角度方面，《囧哥说事》成功塑造了“囧哥”的形象——一个单身、拮据、繁忙、大学毕业四五年的大男孩。他在字里行间既有调侃、自嘲，又有着一股努力向上、不服输的劲儿……而这，又何尝不是奔波在都市的你、我、他和他们的群像呢？！与此同时，由于叙述主体的“囧哥”是一个接地气儿的普通人，也让用户在阅读的过程中，没有丝毫被“说教”的感受，反而觉得在与自己的“屌丝”朋友自如聊天，这就提升了受众的认同感，拉近了心理距离，也更有利于栏目信息的传播。

关注热点，制造快乐；关心受众，引发共鸣，这就是新浪移动轻松新闻栏目《囧哥说事》的运营之道。想要在移动互联网时代木秀于林，优质原创内容仍应当是媒体发力的重中之中。

（作者系新浪移动《囧哥说事》栏目责编）

# 热门话题 APP:用“五趣”干掉“无趣”

□李素丽

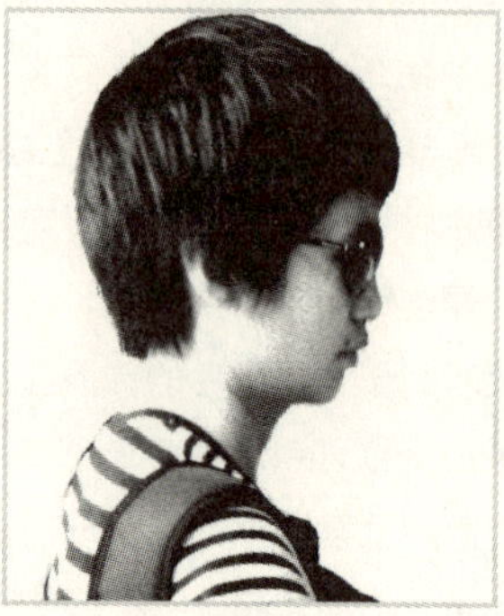

李素丽



知名作家王小波曾在小说里写道：人生是一条寂寞的路，要有一本有趣的书来消磨旅途。

这样看来，有趣是多么缺一不可的陪伴。

知名网友王晓圈曾在论坛中解析：有趣，是一场愉悦的意外，是一种惊喜。

这样看来，有趣是多么令人向往的体验。

热门话题客户端曾在推广语强调:弱水三千,只取一瓢,我们只是有趣。

这样看来，有趣是多么情有独钟的念想。

打住打住，看到这里，是不是有人要吐槽啦：媒体人写文章，不用排比句，会死吗？！

哈哈，当然不会。

但是，如果热门话题 APP“不有趣”，我们“毋宁死”。

## 一、APP 那么多，“不三不四”一点又如何

说到热门话题 APP，对于一些人来说，可能还不是很熟悉。

它是新京报旗下的一款新闻类 APP，但是又跟我们通常意义上理解的新闻类 APP 有所不同。在筹备期间，我们整个团队曾多次开会讨论，进行

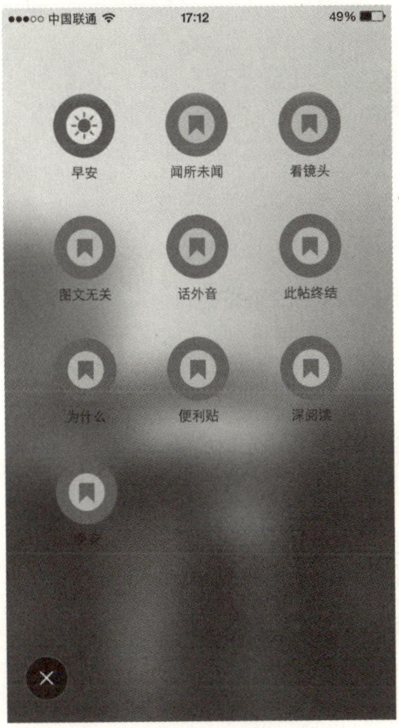


头脑风暴，“我们到底要做一个什么东西”？“别在最后做出来一个不三不四的东西吧”？

最后，我们的决定是，就做一个“不三不四”的东西——谁也不像，不正好是独一无二的嘛。

观察目前市场上的新闻类 APP，热门话题与之相比，确实是“不三不四”。

新浪、搜狐、腾讯、网易、凤凰等几大门户的新闻客户端，已经比较成熟，主要是大量的信息结合人工的编辑。今日头条、一点资讯等客户端，号称是从海量信息里面，进行数据挖掘分析的智能推荐。传统媒体的新闻客户端，一般是其自身内容的传播平台，自己原创的内容居多。

与上述三种类型相比，热门话题既不完全像这，也不完全像那。它目前的特点是：围绕新闻热点，提供精致的另类的趣味阅读。

信息冗余的时代，新闻那么多；丰富多彩的世界，趣事那么多。热门话题只选取它们的交叉点：有趣的新闻。

这其实是一种“返璞归真”，又回到了新闻的本质和人类的天性。对未知事物的好奇，是人类的天性，而新闻可以满足人们的好奇心。满足用户的好奇心，让他们愉悦地体会到这种“意外”和“惊喜”：原来新闻也可以这么有趣。所以，我们把重心放在了“有趣的新闻”，专注于一个点。不忘初心，方得始终。

## 二、新闻那么多，我们要“有趣”

热门话题 APP 秉承的一个坚持是：“无延展不新闻”。新闻的标题制作、角度选择、导语提炼、所配图片，网友的吐槽，犹如新闻身上无数的触角，都会延展它的厚度、广度和趣味度。

同时，我们也经常会根据新闻热点，选取独特的角度，进行有趣的盘点整合和延展。

为了干掉“无趣”，我们在“五趣”的重构上不断尝试。

**1. 配图有趣，槽点满满**

热门话题 APP 打破了常规新闻客户端的 UI 设计，主页信息流，全部采取大图模式。而图片的选择，也有别于一般的新闻配图（新闻现场图或者新闻资料图），多采用跟新闻的“表情”和“情节”比较搭配的图片，与内容相映成趣。

①图片配合新闻的“表情”，或惊讶或醉了



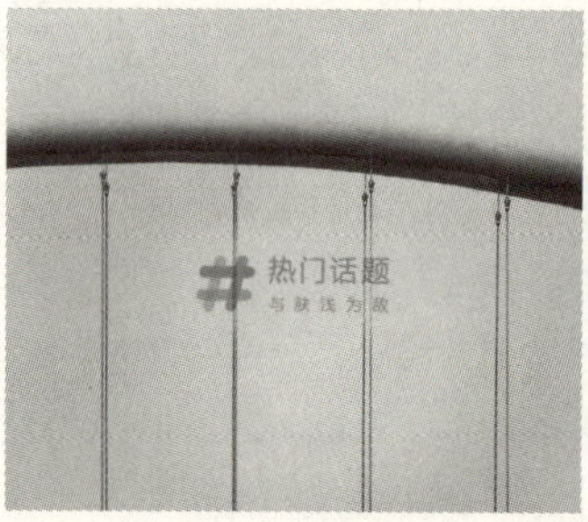

20万捐款又要回15万：领导就批这么多

日前，一家爱心企业交给深圳血癌小女孩黄乐平20万捐款后，又要求退捐15万。财务经理：领导你这样我很难做人……

237

②图片配合新闻的“情节”，让趣味有了通感

印度与孟加拉交换部分领土 5万多人将重划国籍

一觉醒来变了天！

**2. 标题有趣，另辟蹊径**

热门话题 APP 每条内容的标题，都会尽量打破传统意义上的新闻标题模式，更贴近用户的话语习惯和当下年轻人的表述方式，角度另类新颖。

①开脑洞

2014网络低俗语排行一出，说都不会话了

原来小编一直都是一个如此低俗之人。

谁说不拔草不让毕业，他们还可以捡树叶

华中科技大学：大四学生需回学校参加为期5天的公益劳动课，帮学校拔草，若不参加则无法毕业。你以为这个算奇葩了，接着往下看吧。

②也走心

### 3. 导语有趣，出奇制胜

导语与标题互相配合，完成趣味的"一气呵成"。或顺势而为、水到渠成；或话锋一转、急智尽现。

①相辅相成

②话锋一转

### 4. 吐槽有趣，嬉笑怒骂

热门话题 APP 中的稿件，在呈现时的独特之处是，编辑都会自己原创或者精选网友的吐槽语，附在文尾，作为“我趣”，与新闻本身进行互补，同时又说出言外之意，使内容更立体，立场更鲜明。

新闻：高考作文命题，手把手教你成为段子手

> **我趣▷▷▷**
>
> **@晨曦Grown：自己关注的段子手，就算把刀架在我脖子上我也要笑出声。**
>
> **@你的星座是极品：【2015高考作文题目汇总】①北京：假如我与水瓶生活一天；②天津：天蝎范儿；③四川：看摩羯的老实和聪明；④湖北：喷泉与泉水，金牛该喝哪个；⑤上海：如何对待巨蟹内心的坚硬与柔软……**
>
> **@神吐槽:数学考完了，段子手在哪儿?**



新闻：对不起，你们可能得重新考一次英语

> **我趣▷▷▷**
>
> **@激动：“就是可以听出是英语，但是完全不知道他在说什么。”我每次听力测试都是这样，但是我从来没有埋怨过！**
>
> **@逗你玩id：说得跟听清楚了就能写对了一样。**
>
> **@就无色的空间：一个内存卡解决的事情，为什么还在用磁带！**
>
> **@今后佛我：考一赠一吗?**

同时，“热门话题”每天专门有一个“今日神评榜”的专栏，编辑集纳当日 5 条有趣新闻的神吐槽。

**【1】奇葩！有人起诉赵薇在电视中一直瞪他**

近日上海浦东新区法院碰到了一起让人大跌眼镜的诉由：有当事人来法院起诉演员赵薇，要求其赔偿精神损失费，理由是认为赵薇在电视中一直瞪他。

> **评什么▷▷▷**
>
> **@minoz_如杂草般疯长：我要起诉李敏镐在电视里一直电我，我要索赔让他娶我！**
>
> **@秋天的知世：怎么不去告旺仔牛奶?**
>
> **@Cc-vazaqno：尔康老用鼻孔冲着我，这笔账怎么算?**
>
> **@酥酥哇去上學啦：我也是看到她炒股赚大的新闻才开户的，现在赔了，我该怎么办？希望赵薇女士私下联系本人私了，否则，法院见！**

### 5. 错位有趣，幽默反差

热门话题 APP 还有一个特色栏目叫“图文无关”，给新闻图片，配上巧妙的、反差的、跟图片事实本身无关但跟图片表情又相契合的“神图说”，另类的角度和错位，产生奇趣和幽默。

**“有狐狸摔倒，扶不扶？”“闭嘴，快飞！”**

【图片真相】近日，在日本，摄影师拍到一组狐狸和鹰抢食的画面。原来，狡猾的狐狸趁着老鹰不在，便去偷取食物，还好老鹰及时赶到，不仅抢回了食物，还把狐狸狠狠的揍了一顿。据凤凰网

【图片真相】在五一国际劳动节来临之际，云南野生动物园推选出两位勤奋的明星“劳模”，介绍给游园的观众认识。图中是正在“洗衣服”的浣熊。据中新社

这个栏目受到许多用户的喜欢，认为这是一个让人脑洞大开的“游戏”。我们也考虑以后增加一个让用户 DIY 的功能，他们可以自己参与神配图说，然后制作、分享出去。

## 三、有趣那么多，我们有 biger

我们虽然想方设法，通过不同角度、表达手段、呈现方式，让新闻更有趣，但最根本的一点，还是要发掘新闻本身的有趣之处。

这就又回到了“有趣”本身。

每个人对有趣的界定不同，每个人的趣味点也不同。

通过上面的“五趣”例子，你可能已大致了解了我们的“趣闻”都是什么内容。

在我们看来，有趣不是狭隘意义上的搞笑段子，它有更 biger 的内涵：可以是出乎意料的反常、阴差阳错的反差、声东击西的反讽、春秋笔法的反诘、幽默智慧的反刍，意味深长的反思，会心一笑的反应。这样的有趣，是有意思的、有意味的、有意义的。

当然，我们的“趣”也坚持有所为，有所不为。

在热门话题 APP，趣闻可以很奇特，但是，奇闻不等同于趣闻，有时候离奇的事情，并不有趣。比如，前段时间有媒体报道，“一名 40 岁的深圳男子不慎将一根 15 厘米长的胡萝卜塞入肛门，因为胡萝卜滑入肠道，不得不寻找医生帮助”。

新闻写得绘声绘色细致入微，可是，节操呢。

本来这位男子的病情属于个人隐私，又不危及公共安全，医院和媒体有何权利泄露病人的难言之隐呢，并且在揭开病人的伤疤之时，还带着嘲笑猎奇和幸灾乐祸。

有趣可以是调侃，但不要伤及无辜，不要把尖酸刻薄、低级肉麻当有趣。

从某种程度上说，有趣的人，都有一颗与人为善的心。

在热门话题这里，严肃的新闻也不等同于无趣。有时候严肃的新闻，却透出“你懂的”黑色幽默和意味深长。有趣，也需要勇气和智慧。有趣也是一种格调和迷人的气场。腐国的毒舌王尔德不是说过嘛：把人分成好人和坏人是荒谬的。人要么迷人，要么乏味。

如果把热门话题 APP 比作成一个人的话，我们也希望 TA 是一个有趣的人。

目前，也有一些客户端的栏目定位于“FUN 新闻”，比如网易的《每日轻松一刻》、新浪的《囧哥说事》等，与它们的“串烧趣味”相比，热门话题的“趣“更是渗透到每一道单独的菜品中，深挖每一个趣味点，并进行深入独到地解析延展，让“趣”更加回味无穷。

同时，在人人都是自媒体的时代，每一个人的能量都不容忽视。热门话题也会有更 biger 的设想：逐步邀请用户共同参与，一起来生产、分享“有趣”。

话已至此，请注意，本文中，又一个姓王的人要出现了。

在这里，我们也“王婆”卖瓜，自卖自励一下：“热门话题”还在抵抗无趣和乏味、奔往有趣的路上。

不是说“一辈子很长，要和有趣的人在一起”吗？希望有趣的“热门话题”尽快遇到趣味相投的你。

念念不忘，必有回响。

（作者系热门话题 APP 联合创始人、内容运营总编辑，原新京报新媒体内容总监）

# 《节操哥》的“玩新闻”尝试

□王佳

王佳

作为一档创立仅三个月的栏目，《节操哥》应该是众多FUN新闻栏目中暂时最不为人知的一个。尽管作为初创者，我们都希望它一出生就牛逼哄哄，成为万千粉丝必不可少的“另类下午茶”。但理想和现实总有距离，必须承认，《节操哥》目前仍处于自我调试的阶段。

## 一

在谈《节操哥》的实践经验前，先介绍一下运营团队。目前《节操哥》靠两套人马在运营。一套是写作者——南都即时组的几名成员，他们负责确定每天的选题，并完成素材收集和内容写作。另一套是南都移动媒体部编辑，他们负责制作并将内容发布在南都微信和南都APP。

南都官方微信固定在下午时段推送《节操哥》，一周五期，周末停更。南都APP上则建有相关专题，与微信同步更新，同时方便粉丝检索。

在写作者当中，南都即时组脱胎于原《网眼》版采编。《网眼》很多年都是南都的品牌版面，有过大量经典报道，如华南虎照事件、郭美美事件和“表哥”杨达才走红记等。

在今年南都的新一轮改版中，考虑到报纸在报道网络事件时的诸多掣肘，如时效跟不上，互动性不足，报纸语言与新媒体话语范式的脱节等，《网眼》版被取消。《网眼》采编随即转型为南都即时组，做的活儿跟过去差不多，监控网络热点并及时跟进，以期在全国媒体中领跑相关网络议题，但小组所处的平台变了，不再依托于报纸，而是可以通过网络即时发稿。

交代这个背景，我想说的是，没有了找题填版的任务，我们突然发现天地辽阔了。例如,《网眼》版传统上很少介入话题性报道，我们认为那是评论版干的事,《网眼》的主要责任是提供硬新闻。而在转型即时组后，我们开始反思这样的自我设限是否有必要。结论当然是没有，因为很多事件其实是反复出现的，并且有时作为事实的那一面没有关注度，舆论讨论期间反而易生成热点。作为对旧有思路的一种修正，我们需要一个平台来展示对网络话题的思考。



此外，过去做《网眼》版，我也有过很多痛心疾首的时刻，有些议题看起来不大，新闻要素也不足，做稿颇为勉强，但一放弃就发现，第二天发酵的速度超出想象。所以，当平台变成新媒体后，我也在思考，对这些可大可小的梗，有没有一个办法，整体包装之后提供给读者。

恰巧在今年3月，移动媒体部领导找到我，表示他们需要一档轻松有趣的新闻吐槽类栏目，并将其品牌化、日常化。最终双方一拍即合，决定以《每日轻松一刻》等为范例，开设这么一档栏目。第一期《节操哥》于3月9日上线。

## 二

为何命名为“节操哥”？相较于网易的《每日轻松一刻》、腾讯的《新闻哥》等，“节操”二字本身更具网络气息，“没节操”“节

返回 关闭 南方都市报

**节操哥 | 为了高考，你一定要有视死如归的精神**

原创 2015-05-25 by 南方都市报



哥今天看到这新闻

新浪财经
weibo.com

【湖北宜昌挂出“奇葩”拆迁标语】5月21日，湖北宜昌西陵二路拆迁工地，一栋即将拆除的居民楼上挂着“要让先迁的人得奖，不让后走的人沾光”、“面对现实算补偿”、“赖到最后是场梦”、“向支持公益项目建设的被征收户致敬”等多条征地拆迁标语。图：宜昌挂出奇葩拆迁标语

掐指一算，又是我大中华语言文化登上舞台的时候了。

对的，哥今天给大家说一说这个标语文化。

说到标语，真真是洗脑神器，特别是对莘莘学子来说，嗯，为了高考，你一定要有视死如归的精神

操掉了一地”早就是经典网络用语。而通过这个栏目名，我们也想告诉大家，这是一个有态度的吐槽栏目——对于一本正经的新闻，我们将告诉你它没有节操的一面；至于那些没节操的，我们将让它更没节操。

一言以蔽之，我们要带大家“玩新闻”。

不可否认，这从本质上说是对新闻娱乐化的某种迎合。但值得注意的是，《节操哥》援引的新闻都来自公开报道。换言之，我们不生产新闻，我们只是搬运工，做的是改造整合。

在这三个月时间里，《节操哥》选题根据每日热点新闻，涉及了大量经典话题，比如夫妻关系、师生关系、朋友关系、贪官情妇等。在素材选择上，一开始，我们有点“贪多嚼不烂”的感觉，恨不得把“今日网络最佳”和“今日候选网络最佳”都选进去，唯恐错过一条好梗，让人不发笑。其结果便是两点——主题不鲜明和内容的起承转合生硬。后面一点尤其突出，为了让转折显得不那么突兀，有时我们要使用大量网络表情图来强行过度，这在一定程度上反而有损《节操哥》的品牌形象。

后来，结合南都官方微信的常规内容情况，我们给《节操哥》定下了字数不超过 1000 字，图片不超过 20 幅的标准。这曾经在小组内部引发争议，有人认为写得不过瘾，话题未开就结了，有人则认为找 20 幅搭配图不容易，需要凑数。而我的考虑很简单，尽管这是一个相对碎片化的栏目，但碎片化只应体现在素材本身，而不是最终呈现。如果最后甩出来的是一个絮絮叨叨的自言自语，就我个人的体验来说，我很反感。最好的情况是将图片都拆出来后，《节操哥》还是一篇完整的小品文。

与之相对的是，在操作了接近一个月之后，我们开始规范内容主线，即尽量只谈一个话题，

当然是从不同的角度来展开。这么做也是因应上面所说的感受，即主题不鲜明带来的摇摆，很多时候像是无病呻吟——如果写作者都感觉到乏味，那么怎么期待粉丝能读下去呢？

此外，主题的摇摆也容易让粉丝出戏，上一秒文章还在谈宽容的意义，下一秒就说“其实宽容也未必是好事”，怎么说你都有理，眼前这碗鸡汤，你让粉丝干了还是不干呢？

在规范了上面这些元素后，我们又作了一些其他方面的尝试。

比如，我们开始扩大选题范围——除了当日关注度极高的话题，我们也会选一些相对冷门，但具有爆红潜力的论坛神帖。比如知乎牛文“被富婆包养是一种怎样的体验”，就被我们借用来做过包养话题的由头，点击量明显超出了其他常规议题。原因也很简单——原帖写得醉人，跟帖同样脑洞大开，而“包养”两字原本就是“没节操”的代名词。

我们也开始广泛援引网友对当日所选议题的经典评论——目的只有一个，作为一种手动对用户生成内容的利用和转化，我们希望以此来增强粉丝的参与度。

此外，我们还通过规范栏目 logo 和植入虚拟人物来塑造《节操哥》的人格化形象。在栏目 logo 中，“节操哥”希望给大家留下的印象是一个发型飘逸、有点学识的墨镜男，但时刻不忘摆出一幅贱兮兮的样子。虚拟人物的植入来自小组成员邝蔚丹，她给“节操哥”设计了一个女神素芬儿，一个永远追不到却永远让“节操哥”流口水的神秘姑娘，总是在“节操哥”的各种幻想当中出现，让“节操哥”受尽打击和屈辱。这进一步强化了“节操哥”的屌丝男形象。



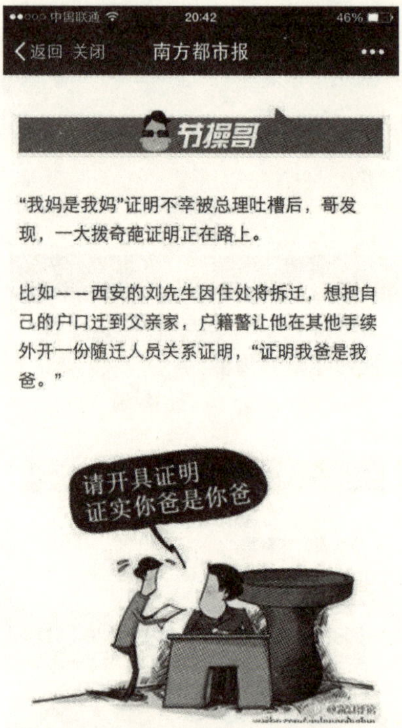
中国联通 20:42 46%
返回 关闭 南方都市报

节操哥

“我妈是我妈”证明不幸被总理吐槽后，哥发现，一大拨奇葩证明正在路上。

比如——西安的刘先生因住处将拆迁，想把自己的户口迁到父亲家，户籍警让他在其他手续外开一份随迁人员关系证明，“证明我爸是我爸。”



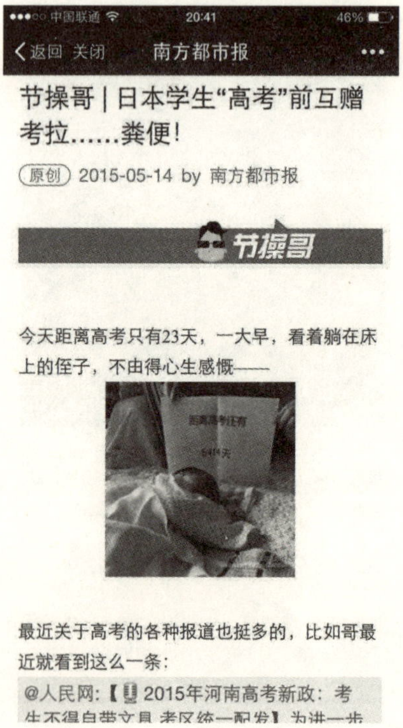
中国联通 20:41 46%
返回 关闭 南方都市报

节操哥 | 日本学生“高考”前互赠考拉……粪便！

原创 2015-05-14 by 南方都市报

节操哥

今天距离高考只有23天，一大早，看着躺在床上的侄子，不由得心生感慨——

最近关于高考的各种报道也挺多的，比如哥最近就看到这么一条：

@人民网：【2015年河南高考新政：考

有意思的是，有时当期“节操哥”未提及素芬儿，还会有粉丝追问“素芬儿呢”……

## 三

当然，《节操哥》不长的操作实践也给我们带来了很多困惑。

其中一点，就是在小组成员轮班写作的情况下，如何保证文风的稳定性。很多时候，同一条梗，有的人用起来就是非常娴熟，有的人绕个大弯也未必说得清楚，而这取决于TA对议题和新媒体话语范式的了解程度。而即便足够了解，也还要看当天的状态。

有人可能会问，为什么不固定用那个熟悉这一套话语模式的人来操作呢？实际上，这还是取决于南都即时组的定位。对我们来说，承担记者的职责，关注并报道网络事件仍是主业，条件不允许我们有固定的人手去专职运营这一档栏目。也就是说，我们更像是《节操哥》栏目组的临时工。而且，《节操哥》暂时也没有带来任何实际收益，这就让专职变得更为遥远。

第二点，如何确保我们比粉丝了解得多呢。这实际上不仅仅是运营《节操哥》的困惑，也是在做很多网络事件报道时绕不开的问题。如今自媒体空前发达，一个事件中的当事人倘若是大V，其粉丝远比媒体的读者或微信公号的粉丝多。那么他放完话之后，我们是否还有必要翻炒一遍？对于《节操哥》的粉丝来说，如果我们援引的梗很陈旧，同时未能发掘并机智地展示与其他网络热点的关联，那么如何来保证粉丝对这档栏目的新鲜感？

第三点，FUN新闻在中国出现的时间并不久，但同质化的栏目已有不少。越来越挑剔的读者还能容忍这套“玩法”多久？况且这类栏目很多时候还是没视频、没声音的一组文图，其发展空间如何似乎要打个问号。

根据报社最新安排，《节操哥》目前已由南都即时组全面移交给移动媒体部，冀望经过改造后的《节操哥》未来会更萌更犀利。

（作者系南方都市报即时组统筹）

# “马桶阅读”只用来杀死时间

□张弛

张弛



360 公司董事长兼 CEO，人称“红衣主教”的周鸿祎讲过一句话，大意是：企业往往不是被对手打败，而是被趋势打败，而趋势，则是不可被打败的。

浓缩成七个字，识时务者为俊杰。这一点同样值得媒体界思考。在当下移动互联网攻城掠地已成定势的场景下，曾经绝对的话语权掌控者——新闻媒体，无论是传统的纸质版，还是曾经以首页为流量入口的门户，都不得不面临一个难题：花费时间和精力生产出来的内容，如何有效地到达阅读用户眼前？

更直接点，如何让他们心甘情愿地付出时间成本，打开你所 PUSH 的东西。

## 新闻阅读是否还成刚需？

在讨论这个之前，不妨先解决另外一个问题：在小屏时代，基于信息获取的便利性，用户还存不存在强烈的阅读需求？即便“低头党”时常出没在各个角落，抽出细碎的时间空档来与虚拟空间进行移动互联，但如今手中的这块小屏能够提供的基本服务太多，信息浏览和阅读只作为其中的一个选择门类，倘若使用一句笼统的状态描述恐怕难以服众。

作为国内应用的超级 App——微信，因为存在公众订阅号的功能，也

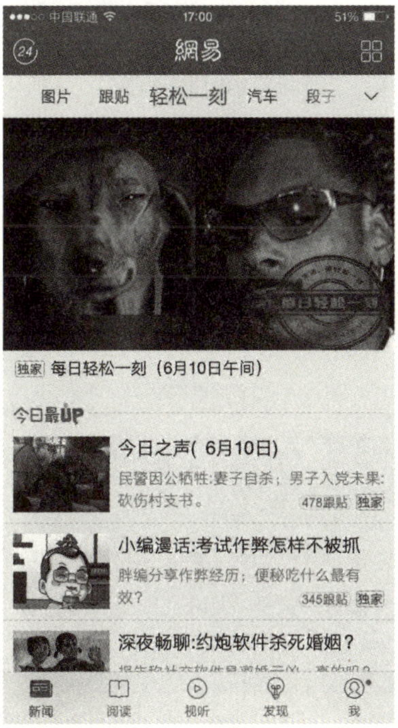

许能将它作为一个用户阅读需求的参考。6月1日，腾讯发布了2015年微信数据报告，当中关于微信公众号的调查显示：在微信每月活跃的5.49亿用户中，有近80%用户关注微信公众号，其中29.1%的用户关注了自媒体、25.4%的用户关注了认证媒体、18.9%的用户关注了企业商家、而5.9%的用户则关注了营销推广类账号，只有20.7%的用户没有关注任何公众号。

显而易见，以阅读方式获取信息仍旧是不变的刚需，目前摊开在曾经以线下发行和首页入口为骄傲的纸媒和门户面前的问题是：当分发渠道和内容编选的主动权都在时移势易的时候，如何因时而变，在大潮之下找到一个顺流而下的舒服姿势?

顺势而为的切口常常和优势相捆绑，对于内容生产商来说，干自己专注并擅长的事情，无非就是在内容改造上寻求突破口。

碎片化的时间、即时可获取信息推送的节奏以及基于小屏展示的终端设备，几乎给内容生产商定下了不二的制造传播法则:短、平、快。扩充来说就是：在长度上，杜绝长篇大论；在深度上，避免深层思考；在频次上，有度地抢占准确时间缝隙——不少栏目一天的推送超过1次，甚至掐秒似的占据早午晚间空闲时间。

为了尽量少的引起误会和争议，这里不得不补充一点，本文更多讨论的是基于日常新闻而形成的内容生产，跟动辄数十百万字的电子阅读消费不能相提并论，因为当用户在接受不同体裁的文本服务时，他们的阅读期待也是不尽相同的。

于是，伴随移动互联的发展和智能手机的普及，一个形容时下阅读方式习惯的词生造而成——轻悦读，并且逐渐成为原来各内容生产制造商开辟新栏目或者新项目的一条衡量标准。

## 从社交媒体中来，到社交媒体中去

一两年间，似乎各大门户都以此开设了与传统新闻相异的“快餐型新闻轻悦读”栏目，诸如网易新闻客户端的《轻松一刻》，凤凰新闻客户端的《FUN 来了》，腾讯新闻客户端的《新闻哥》，新浪新闻客户端的《囧哥说事》，澎湃新闻的《澎湃联播》等。没有原生客户端所倚靠，或是在原有载体无法承载相应特色的后来者，基本也都选择了开发新的阅读资讯平台来进行整合和分发，比如借鉴美国新闻网站 Buzzfeed 的国内模仿者“微在”和新京报新近试水的新媒体项目“热门话题”。

笼统来说，这些与传统新闻文本形式迥异的新文本试验，基本上在文本搭建和来源筛选上并无二致。传统新闻文本的第一落点是新闻事件本身，由其传播衍生的解读和评论在舆论场里依次发酵，构成了新闻事件再传播的第二落点。但相对于第一落点而言，这些因为前者爆炸而产生的原子状观点，零散地分布在互联网的各个角落。当然，有人发声的地方必然是人声鼎沸的聚合场所，社交网站则当仁不让成为这些原子中质量和密度更加集中的厚重部分。

将这些原子状的第二落点进行有序分类的收集，并辅之以“有趣”“好玩”甚至是“古怪但贴合网络语境”的标准重新排列组合，继而形成了如上所述的一系列“轻悦读”文本。

话说起来简单，但实质上的操作仍然

需要付出技术成本。以 Buzzfeed 为例，这个去年超越《纽约时报》成为全美排名第三的新闻网站，更倾向于通过技术的方式对热点事件进行数据挖掘。它拥有自己的核心技术，光专业的数据分析团队就超过 100 人。在其公司内部，与媒体中以采编为重相反，工程师反而是最受瞩目的一群人。

据 Business Insider 网站报道，BuzzFeed 每天更新超过 400 条信息，然后由上百人组成的数据分析团队，负责利用一款名为 Wrike 的工具对发布出去的信息进行追踪，根据信息传播的效果和表现，为编辑、运营团队提供修正建议，并通过反复追踪测试和大数据分析，锁定最受欢迎的内容类型。

国内的模仿者们，在公开报道中能够看到的是，当前的操作方式更多是倚赖人工多于技术，后者只是作为一种辅助手段，在社交网站中对新闻事件的第二落点进行筛选，再以人工方式有趣组合。素材从社交网站中来这一方向，或许在议程设置阶段可以较少考虑和判断是否具备热点价值，因为在社交网站中它们是已经被广泛讨论和传播的热点事件，在手有余货的情况下，编辑们只需要勤于动脑释放创意选择更刁钻的角度和搭配方式就够了。

另一方面，这也扩大了选取题材间的内容同质性，好在有无数种排列组合方式和解读方向能将此淡化消解掉。

然而，这只完成了全部过程的前半部分，根据新媒体世界里“传播就是一切”的新标准，这些通过社交媒体上零星素材拼接起来的轻悦读内容，还必须统统利用有效渠道分发出去。除了自身的新闻客户端所提供的推荐位之外，“双微”平台必不可少，以呈现页的方式直入用户信息接收终端，去除掉了原先门户式的首页入口，让信息内容更加直观地展示出来，节省了点击的操作成本。

借助第三方社交平台的传播，或可比从主页进入的传播效率要高出不少。用户分享代替信息推送成为最高效的传播模式。而促成用户分享的内容机制，无非是脱离了从前新闻文本严谨甚至可称之为生硬的线性逻辑链条，代之以轻松有趣、幽默搞笑的二次创作。在虚拟的社交网络上，用户对内容产生分享诉求的理由，或许只需要一个简简单单的“有意思”就足够了。

腾讯《新闻哥》栏目团队去年底在接受“新媒体排行榜”的访谈中，曾总结出内容操作的规律：够贱、够好玩。因为大部分网友忙碌了一整天，再打开手机来阅读内容就是想娱乐开心一下。

## 缺乏逻辑链条的“马桶阅读”

回到阅读的主题，人们通过阅读能够达成的目标，无外乎是获取新知和享受娱乐。“快餐式的新闻轻悦读”踩到的是新闻事件的第二落点，所应用的素材也是根据技术或者人工所判定的拾人牙慧，它们的产出目标最需要满足的也应当是人们的娱乐需求，这一点毫无疑问。



可以先来观照一下包括国内外所有“轻悦读”式新闻文本的搭建结构，基本上都是“有文必有图”，并且“少文多图”，在文图搭配上利用反差性强烈的属性造成文字蒙太奇的幽默效果。尽管有的文本过于冗长，但串烧化的新闻拼接反而不会给阅读者带来过重的阅读压力，足以让他们不断地向上滑动指尖，“一眼看得完，一口吃得下”。这种碎片化的内容，往往通过其中一条或几条的趣味性——也许只是一张图片，也许只是一条神乎其神的评述，将陡然增加阅读者的分享冲动，从而带动整个内容的传播效率。

与传统的严谨新闻文本不同，“轻悦读”新闻文本更多是借用曾经在论坛贴吧里常见的片段重叠，片段与片段之间偶尔用勉强的过渡句承上启下，大部分缺乏严密的上下文逻辑关系。而恰恰是这种疏松的文本逻辑链条，释放了长篇阅读中的思考压力，让阅读者更甘愿粘在编辑过的浅层内容里。

我们为什么会喜欢上缺乏逻辑链条的片段阅读？这恐怕是互联网尤其是移动互联网让所有人培养出来的新阅读习惯——非线性。

因为互联网上超文本链接协议和搜索工具的无处不在，加之目前后门户时代的网页

形态，如新闻及社交网站中常用的时间轴和瀑布流布局，让人们在网络上阅读文本的时候，“总是会通过搜索或者超链跳入一个此前不为己知的新网页，从而中断了此前的阅读，就像看一部电影不断地在暂停、倒退重看、再暂停、再倒退重看……”（这是我之前写在另一篇文章里的原话），从而使线性阅读的逻辑链条被彻底切碎打破。

久而久之，具备完整逻辑链条的长文本，往往成为阅读者难以完成的任务。因为它需要破除干扰集中一切注意力——所以你能明白为什么优秀的长文网页（无论 PC 端还是移动端）通常都比较干净——而拆解了逻辑链条的片段式文本，则享受到了我们注意力无法完全集中时的优待。

跳跃性逻辑此时并不构成阅读障碍，相反，却成为我们在碎片化时间下获取片刻娱乐的新秩序。当你从这一条新闻在任何时间跳转去另一条新闻，中间都不会有太多违和感。

当然，这也跟互联网时代的成长人群属性相关。得再把腾讯的 2015 年微信数据报告抛出来一次：用户的平均年龄只有 26 岁，86.2% 的用户在 18-36 岁之间。这基本上是与互联网同时成长的人群，他们的表达方式和注意力的宽度，让他们能够随时在不同话题之间切换。快速的信息迭代和非纸化的新闻阅读体验，让他们对冗长的报道失去耐心，轻松幽默和离奇古怪的浅显内容更容易吸引到他们的注意力，图文结合的跳跃性内容能够更高频地在微信朋友圈等社交平台之间分享和传播。

“微在”创始人于威认同阅读者对产品内容的定义：厕所读物，所具备的功能是杀死任何缝隙里的时间。这类定义，同样适用于区别不大的几档“轻悦读”新闻栏目。

似乎又回到了老生常谈的新闻娱乐化话题，但与之前所有讨论不同的

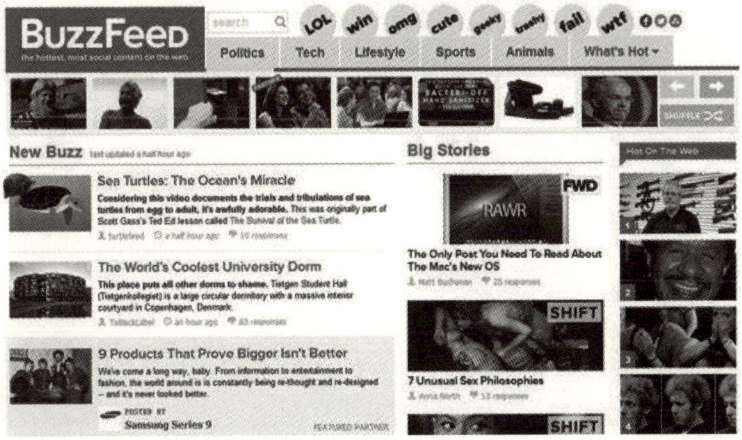

是，如今的新闻文本变革选择是趋势之下，有的被迫逆境重生，而有的则从一出生就顺境而为。新闻题材中，总有一部分是会属于娱乐业的，无论是被动还是主动，最后在传播线条的流向中，都会被意大利著名符号学家安贝托・艾柯所定义的模范读者和经验读者所分别劫持，按照他们的意愿去解读并同时赋予阅读期待。即便是成功的娱乐业，也有一个判定标准：是不是受到公众最大欢迎的?

这一切都隶属于移动互联时代的大前提：在传播大于一切的口号下，传播到底等同于多大程度的价值转换?

既然传播大于一切，那么对传统的新闻价值衡定似乎在这里并不适用，"轻悦读"的价值应当重新被界定。作为量化的标准，在内容供应商一方，它简化成关于阅读量的数字堆积，以及以评论数和转发数为标量的互动指数；在信息接收者这边，则转化为所带来的愉悦感和被消遣掉的时间，甚至莫名会有一种对信息推送前的期待。

有买有卖，舆论市场里同样讲究两厢情愿，对于争夺用户眼球和占领碎片化时间的效率而言，这也许是最皆大欢喜的结果。

（作者系原凯迪网络评论主编、橄榄社创始人）

# 隐性采访的“魅”与“祛魅”

□郑宇丹

郑宇丹

“祛魅”(disenchantment)一词由德国社会学家马克斯·韦伯最早提出，是指把一切带有魅(magic)性质的知识或宗教伦理实践加以祛除，使世界“理性化”。在韦伯看来，“祛魅”发生在西方国家从神权社会向世俗社会的转型中，是“现代性”的重要基础。在众多学者的后续研究中，“魅”已经被扩展到由准宗教或非宗教的力量建立起来的权威性和神圣性，而“祛魅”则演变成对权威性、神圣性乃至精英化的祛除。

从历史现象来看，新闻传播也在不断经历赋魅与祛魅的过程。最初由神权、王权统治的垄断传播之“魅”被启蒙思想家与早期的印刷商祛除，但又形成了政党话语之“魅”；大众报刊的出现去除了政党报刊相互攻讦的精英之“魅”，达成了韦伯解释中的世俗化，却又缔造了黄色新闻之“魅”；客观性理论的萌生抑制了煽情的进一步蔓延，却将真实的世界变成了精英“把关人”的拟态环境；电视文化的崛起虽然彻底颠覆了精英的话语统治，但也形成了乌合之众的话语势力。以发展的眼光来看，“魅”与“祛魅”往往盘根交错，但总的趋向是，科学的逻辑的思想往往战胜权威的、自诩神圣的观念，引领新闻界走向进步。隐性采访，作为新闻传播业界最具争议的话题之一，它的发展也未能脱离“赋魅”与“祛魅”的往复循环。

## 什么是隐性采访之“魅”？

如果从历史现象和隐性采访的自身特征来考量这个问题，我们可以将其归纳为三点：稀有性、神秘性和神圣性。

隐性采访所获取的是一种稀缺的信息资源，也就是独家新闻。它是新闻同质化的对立面，是新闻竞争的制胜法宝。这一特性已经写进了它的出生证。19世纪末，正是大众报刊在美国相互搏杀之时，普利策《世界报》旗下女记者伊丽莎白·科克莱堪称隐性采访的鼻祖。她先是假装招引男性无赖，然后写文章予以揭露；继而又伪装精神病患者混入医院进行暗访。这类的文章深受读者拥戴。受此影响，在“煽情新闻”方面与普利策对决的赫斯特不甘落后，他在自己接手的第一家报纸《旧金山考察家报》上缔造了一个角色“安妮·劳里”。这个“女人”善于用扣人心弦的情节吸引女性读者。比如，“她”在医院附近假装晕倒，被送进病房，继而写出的报道“字里行间充满了对不幸的病人的同情”。

隐性采访的目的是“以隐揭隐”，用较为神秘的手段揭开神秘的真相。揭丑的愉悦往往体现在真相水落石出的一刻。这不仅关乎感官趣味的美学，更体现出对权力的有效监督。中国的隐性采访就是这么上路的。著名记者邵飘萍是较早采用隐性采访的实践者，他在《实际应用新闻学》中提到，“化装术乃是记者普通之技能”。一次，段祺瑞内阁讨论金佛郎案。所谓佛郎，是法郎在当时的译名。庚子赔款中法国部分本来可

**重磅！南都记者卧底替考组织 此刻正在南昌参加高考**

原创 2015-06-07 by 南方都市报

南都君 给你好看 等你勾搭

日前，南都记者卧底了一个高考替考组织，湖北个别高校多名大学生加入，试图通过充当“枪手”牟利。今天（7日）上午，包括南都记者在内的多名“枪手”正在江西南昌一些高考点参加考试。

南都记者调查发现，他们均持有由“上线”提供的具有本人照片的“身份证”、“准考证”，部分证件户籍地显示为山东。与此同时，南都记者证实这些证件信息已存于江西教育考试院系统，照片为“枪手”本人。目前，南都记者已向当地警方报案。

南都记者调查发现，肉眼识别身份证、准考证有漏洞，呼吁对监考老师发放识别设备，考场内机器验证。

卧底替考组织

**记者卧底赴武汉与“上线”见面**

2014年11月，南都记者与一名高考“枪手”组织成员接头，并通过网络、电话等方式长期保持联系，但一直因种种原因未能见面。其间，“枪手”提出发展记者为其“下线”，参加2015年高考。为调查这个团伙的运作情况，南都记者同意，并提供了一张本人真实照片和虚假身份信息（包括姓名，籍贯，年龄，学历和专业等），成为其“下线”。此后，双方就以“上下线”关系联络。

当月（2014年11月），“上线”提供了一个南都记者在替考组织的内部编号，随后又向南都记者确认是考文科还是理科，“上线”解释称理科替考收入高，记者便选择了理科。2015年4月，“上线”通知团队出发时间。5月，“上线”要求南都记者补拍了一张身份证相片，要求与第一次提交的相片存在差别。

自始至终，该替考组织未与南都记者签署任何协议，记者也没有与“上线”见面，迟迟无法确认该替考组织是否存在。按照“上线”的要求，在高考前几天，南都记者赴武汉，与“上线”接头，双方第一次见面，但“上线”没有提供高考准考证。

前日（5日）晚上10时，替考生一行十多人到达南昌火车站。

前日（5日）晚上10时33分，南昌火车站，替考同行人员乘的士离开。

抵达江西南昌

**拿到用于高考的“身份证”和“准考证”**

前日（6月5日）晚上，南都记者随同“上线”等十余人，从武汉坐火车抵达江西南昌。南都记者证实，这些人多为湖北武汉几所知名高校的大学生。

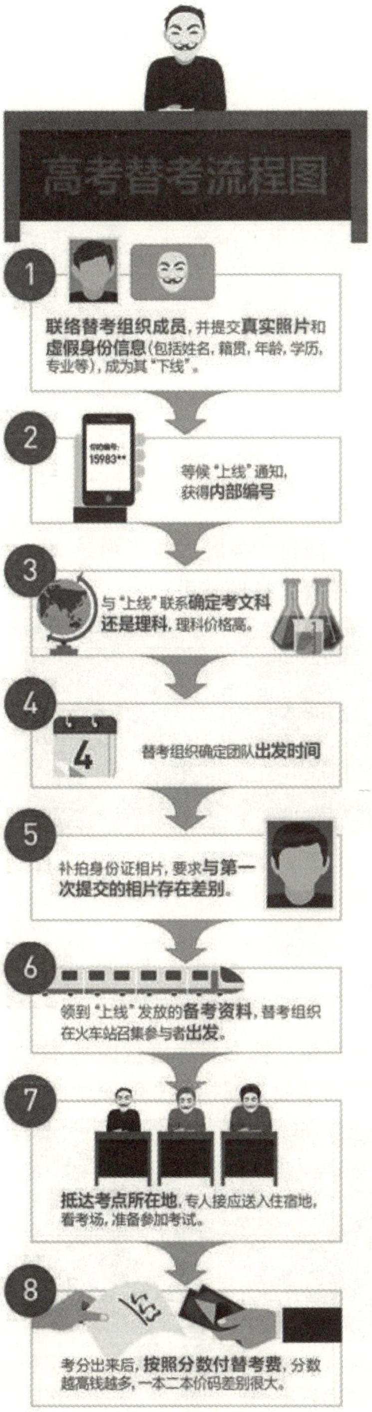


以用纸币来赔偿，但是法国却要求中国用黄金代替纸币，因此要多支付8000万元。这次讨论，是严禁记者列席的，但是邵飘萍不想错过这样的独家新闻。他雇了一辆小车隐藏在政府门外，等到法国公使的汽车进门时，马上尾随跟进。门卫误以为是法国公使的随从，未加阻拦。第二天，会议内幕在《京报》和盘托出，举国震惊。

如此这般近乎神圣的动机，使得隐性采访为公众所乐见。1903年，掀起美国揭黑幕运动的“三面旗帜”林肯•斯蒂芬斯、埃达•塔贝尔和雷•斯坦纳德•贝克无不是公众利益的庇护者，他们的文章直指政府腐败、石油垄断和非法用工。在中国，隐性采访经典案例“南京冠生园事件”“3•15晚会曝光损害消费者权益的行为”，包括这次《南方都市报》记者卧底高考替考，都是以普通民众的利益为出发点。

可以说，由稀有性、神秘性和神圣性所组成的隐性采访之“魅”在一些特定时期发挥了重要作用，比如说美国大众文化形成时期、中国新文化运动推进时期及改革开放思想解放时期。但由于隐性采访一向游离于法律与伦理边缘，它的存在彰显着“无冕之王”的精英自主性，它对公众利益的神圣动机往往建立在越权、伪装甚至造假等不当行为之上，使得隐性采访某种程度上形成了媒体“非自觉”的权威性与话语霸权。

## 隐性采访的法律与伦理困境

在美国，隐性采访的“赋魅”与“祛魅”几乎是同时进行的。普利策与赫斯特大张旗鼓地运用隐性采访的同时，以《纽约时报》

为代表的一批报纸则予以抵制。抵制的理由类似于马克思所说的，需要不神圣的手段的目的，就不是神圣的目的。令“祛魅”运动达到高潮的是发生在1992年的“狮子食品事件”。ABC的两名记者头戴假发，拿着假身份证、假推荐信和假的工作经历，到狮子食品超市求职。他们在假发中藏有微型摄影机，身上暗藏微型麦克风，录下了超市员工把过期的腐肉浸泡在漂白水里，再换上新包装，打上新生产日期的无良行为。节目播出后，狮子食品的股票价格大跌，损失达13亿美元。恼羞成怒的狮子食品将ABC告上法庭。法庭认为，ABC记者的行为存在欺诈，狮子食品一审胜诉，获赔550万美元，随后赔偿金额被降低为31.6万美元。ABC继续上诉，最终上诉法院推翻了判决，理由是：给狮子食品带来损失的是它自己的行为，而不是因为ABC将这些行为公之于众。

这一事件虽然宣告了隐性采访的暂时胜利，但也将伦理、法理等诸多问题提上了议程。当下，隐性采访在美国属于非主流，记者协会、大多数媒体绝少提倡。芝加哥一家日报还因使用男性尿液测孕而与普利策奖失之交臂，尽管被调查的医院作出的诊断是怀孕。

在中国，尚没有对隐性采访的明确限制规定，但争议一直存在。关于这个问题的探讨起始于广播电视记者该不该使用隐形摄录设备的意见分歧。2007年发生的“茶水发炎”事件则将争论升级。事件起因于中新网和浙江电视台记者将茶水当作尿液的样本送至杭州多家医院

化验，结果 10 家医院有 6 家检出茶水“发炎”。事后，全国 92 家三甲医院医务人员群起反击，他们以实验证明：茶水当成尿验，九成化验单呈假阳性，一场关于媒体责任的拷问因隐性采访而揭幕。

### 为什么备受诘难的隐性采访没有消失？

一个有趣的现象是，尽管隐性采访被认定为一种“感性”占优的无奈善意，往往为主流新闻界所排斥，但自其诞生之日起，却不曾消失。仅以揭露替考事件为例，在今年南都记者卧底武汉替考组织并赴考江西之前，已有《新快报》记者“全国成人高考跨省替考案调查”（2003 年）和央视记者曝光河南高考替考（2014 年），使用了隐性采访形式。

这些媒体缘何“明知不可为而为之”？首倡正义和公平是一个层面，从技术角度和新闻效果来讲，隐性采访可能是时间和金钱耗费最少，而所获得的真相最为确切真实的一种采访手段。我们当然不会忘记那些著名的调查性报道，它们虽非隐性采访，但所付出的时间和精力是惊人的。伍德沃德和伯恩施坦在“水门事件”调查中，共采访了 1000 多人，历时 4 个月，当年的这些采访记录价格不菲，得克萨斯大学 2003 年以 500 万美元高价购买了这些文件；《迈阿密先驱报》的两名记者调查联邦住房计划中的贪污问题用了两年的时间；《费城问询报》在得知三位高级工程师辞职离开

2015年6月8日 星期一 南方都市报 国内 A09
编辑 袁明贤 美编 张博 美编助理 郭红霞 校对 刘俊文

发现替考的南昌十中考点，一名替考生已被公安机关控制，替考生承认参与替考。 新华社发

教育部、江西省教育厅回应“替考事件”

**接到有人替考举报 警方控制涉事“枪手”**

江西鹰潭余江县也抓获一名来自湖北替考人员

**教育部昨日透露，南方都市报以《记者卧底替考组织参加高考曝光跨省团伙》为题报道有团伙组织在江西实施高考替考事件。教育部对此高度重视，已责成江西省教育厅和省教育考试院迅速调查核实情况，并请公安部指导有关地方公安机关立案侦查。同日，江西省教育考试院通报，已要求南昌市教育考试院联合警方展开调查核实，涉事的一名考生承认替考。**

**教育部请警方立案调查**

昨日，南方都市报以《记者卧底替考组织参加高考曝光跨省团伙》为题，报道有团伙组织在江西实施高考替考的事件。教育部、江西省教育厅等部门迅速介入调查。教育部高度重视，责成江西省教育厅、省教育考试院迅速调查核实，并请公安部指导有关地方公安机关立案侦查。截至发稿时，至少已经有1名“枪手”向警方承认其存在替考事实。

教育部说，高考公平、公正关系广大考生切身利益和社会和谐稳定，对于破坏考试秩序、组织替考作弊等违法犯罪行为，一经查实，有关部门将坚决依法严厉打击。对伪造、变造身份证、准考证及其他证明材料，由他人代替或者代替考生参加考试的，一律取消本次考试所有科目成绩，并视情节轻重同时给予暂停参加高考、各种国家教育考试1至3年的处理，相关处理记入考生诚信档案。对参与作弊的在校大学生，还将按照《普通高等学校学生管理规定》给予开除学籍处分。构成犯罪的，由司法机关依法追究刑事责任。

教育部强调，对考试管理不力以及违规违纪等行为，将一律严肃问责，绝不姑息。

南都记者了解到，目前河南、四川、辽宁等地部分考场设有指纹检测和虹膜检测仪，考生入考场前还需核对虹膜和指纹。教育部高考举报电话办公室相关负责人透露，上述检测并非标准化考场的硬性要求，“各地可根据当地的经济发展等实际情况做出决定”。

**一名“枪手”考场内被抓**

这个替考组织内多名“枪手”被抓获，至少已有1人向警方供认存在替考行为。据称，该“枪手”系武汉一所高校毕业生，现已工作，拥有多年替考经验。

江西省教育厅回应，接到有人组织替考的举报后，教育厅、江西省教育考试院立即部署南昌市教育考试院，联合南昌市警方开展调查核实，有关考生已被警方控制。

江西省教育考试院关于此次替考事件通报称，7日11时左右，网上出现南都调查报道之后，南昌市教育考试院联合警方立即展开调查核实。此时距考试结束不到20分钟，南昌市教育考试院与警方采取行动，在语文考试结束前控制这名在南昌十中考点以“李士甫”为名参考的人员。江西省教育厅、教育考试院已经紧急通知江西各地教育行政部门、教育考试机构及各考点，进一步做好考试安全排查工作，确保考试安全、平稳、有序。

**声音**

**高考公平公正关系广大考生切身利益和社会和谐稳定，对于破坏考试秩序、组织替考作弊等违法犯罪行为，一经查实，有关部门将坚决依法严厉打击。**
**——教育部**

据南都记者核实，真实的李士甫生于1997年4月，户籍所在地为山东省巨野县丁官屯行政村南隅村×××号，至今未迁过户口。李士甫身份证号与其替考者持有的身份证号一致。南都从巨野县教育部门了解到，经教育部门初步核实，李士甫当日未在巨野县参加高考。

两来自江西省教育考试院的消息称，江西鹰潭市余江县昨日也抓获一名替考人员，也是来自湖北。

新华社 南都调查组

之后，介入对宾西法尼亚州三里岛民用核电站泄漏事件的调查，在 21 个月里，先后采访 225 人，阅读上万份文件，与美国劳工部、能源部官员进行斡旋，于 1985 年 2 月独家发表长篇调查性报道，并获普利策奖。

这些案例是幸运的，它们在漫长的取证过程之后未被“和谐”，得以公之于众，但绝大多数调查性报道的命运如何呢？日本《朝日新闻》记者 1971 年全面调查了日军侵华罪行，写成长篇报道《中国之行》，此后不断遭到日本右翼势力恐吓；美国《迈阿密新闻》曾刊登一组有关食品价格的报道，遭致食品联合销售系统的抵制，截断了这张报纸的主要广告源；中央电视台《焦点访谈》记者到吉林农村调查粮库拒收农民粮食问题，从一个镇政府出来后，发现包租的出租车前胎瘪了，原来是被人用刀割的；同样是该栏目的记者在调查沈阳白玫瑰美容保健品公司销售假冒伪劣化妆品一事时，竟被软禁，对方还编造出记者索要贿赂的假话；以《兰州证券黑市狂洗“股民”》成名的调查性报道记者王克勤甚至曾遭黑帮 500 万重金悬赏人头。更有甚者，在 1976 年，美国《亚利桑那共和报》记者端·伯乐斯被炸死在自己的汽车上。

调查性报道被“枪毙”或警告也非中国独有。曾在著名电视节目《60 分钟》担任记者的查尔斯·刘易斯调查过 150 个事件，只播出 3 个。就连在“水门事件”调查过程中，尼克松总统也曾威胁要吊销《华盛顿邮报》的电视执照，联邦调查局和中央情报局也对报社和记者百般刁难。

恰如约瑟夫·普利策在 100 多年前指出的：“没有一桩罪行，没有一次逃脱，没有一个诡计，没有一起诈骗不是靠秘而不宣才得以存活的。”试想，如果法制真的透明，制度真的合理，政府真的清廉，商家真的诚信，又怎会有隐性采访的立锥之地？

回到替考这个话题。探讨记者的隐性采访行为是否触犯法理和新闻伦理虽有必要，但在事关公平公正的大问题上，很多话题更应该成为焦点。比如：现行教育建制何以滋生舞弊现象？舞弊如何对国家考试制度的严肃性、公正性形成挑战？考场舞弊怎样体现出风险与收益的博弈并折射出对全社会道德诚信的考验？

既然蛀虫能够钻入现实这块木头中去，便应该赞许啄木鸟敲破那块木皮，把蛀虫深挖出来。正义基础上的隐性采访，就是历史与现实中的啄木鸟。

（作者系华南理工大学新闻与传播学院副教授，本文系 2012 年度教育部人文社科项目《媒介在社会管理中的协同机制研究》阶段性成果）

南方都市报摄影记者 赵炎雄

# 拍火车，功力在镜头之外

十年前，我开始利用业余时间前往中国各地拍摄绿皮火车。每趟火车上，我有一半的时间都在与列车员套近乎，一旦熟络了，便打开了随意拍照的大门。但也有失败的例子。在梅江前往怀化的慢车上，列车长把我请到了他们的休息车厢，然后锁上了端门，并关心地说“你在这里拍，一会上车很多人，不安全。”为了方便拍摄，我特意选用了小巧、安静的徕卡相机，这样既可以让我更近距离地对着乘客拍照，也可以躲过乘务员犀利的眼睛。

▶ 2014 年 7 月 20 日，昆明至攀枝花的 6162 次绿皮车。在这个全国少见的 22 型“大棚车”上，不少准备前往元谋摆摊的菜农，在火车上便开始了摆摊卖菜。

2014 年 2 月，甘肃省白银矿区铁路。354 通勤车上，一名职工看报纸消磨时间。他在的 22 型客车，由卧铺改造成硬座，仍保了最原始的木制设备和装修。

▶ 2014 年 7 月 18 日，成昆线。普雄至攀枝花 5633 次绿皮车上，一位彝族乘客带着自己养殖的土鸡前往西昌贩卖。

2015 年 1 月，甘肃省白银矿区铁路。356 次通勤车停靠在公司站，车底忽然冒出一股蒸汽，有种腾云驾雾的感觉。

# 灾难新闻摄影的细节真实

■ 张由琼

▼ 4 月 27 日，尼泊尔首都加德满都的杜巴广场，救援人员争分夺秒地进行救援，一大群受惊扰的鸽子和乌鸦在上空飞翔。

▲ 4 月 27 日，尼泊尔首都加德满都的杜巴广场，人们争分夺秒地进行救援，当地民众、游客等都自发加入救援队伍。

4 月 30 日，尼泊尔地震的第六天。在忙碌了大半天的采访后，我到一家餐馆休整。刚蹭上 Wi-Fi，微信立刻推送了一条来自国内某新闻客户端的摄影报道。这组题为《尼泊尔民众震后逃离加德满都 主干道挤满逃难者》的图片显示的是交通拥堵、民众蜂拥乘车的情景。图说内还提到“加德满都约 80% 的房屋因地震倒塌”“几乎每条主干道都挤满准备离开的汽车和市民”“未来加德满都还会出现疫情”等惊悚的字眼。

当时我就震惊了，因为这和我在加德满都所见的情景出入太大。据我在现场了解到，加德满都大约有5%的房屋倒塌，损坏的约20%，没有出现民众恐慌、物资短缺或全城拥堵现象，当时也没有出现疫情的迹象，民众有撤离但不是逃离，因为许多在首都打工的外地人迫切希望回乡查看灾情。这组照片拍摄于加德满都最大的汽车站，人流密集，而汽车站所处的Ganggabu地区受灾较严重，许多救援队正在作业，才导致该条道路堵塞较严重。换个通俗的比喻，在广州火车站也可以拍出大撤离的画面。

从1842年德国汉堡的火灾废墟图片开始，新闻摄影就一直和天灾人祸打交道。因其题材重大、冲击力强、形象直观，特别受读者关注。真实是新闻的生命，无论是文字还是图片。在重大的灾难事件上，媒体的报道牵引着人们的关注重点，引导着救灾资源的合理分配，真实严谨的报道尤为重要。

相比起文字记者，摄影记者手中的相机会更加主观。人们总说有图有真相，但在摄影技巧以及后期技术都高度发达的今天，主动权往往取决于摁快门的那个人以及他所在的媒体机构。

一部相机拍什么，不拍什么，突出什么，舍去什么，考验着摄影记者一瞬间的判断。每张新闻图片的画面摄取的是一个整体的局部细节，由一个细节或多个细节反映一个整体概况。细节真实是整体真实的基石，但在捕捉细节时，必须注意这是最能准确反映“该新闻事件”的“典型性”瞬间，而不是一个“片面性”瞬间，更不能以概念化的主观先行，拍摄前已设定场景。此外，对于摄影记者和图片编辑来说，虽然拍摄或编排图片更为重要，但图片说明上的严谨书写也不可忽视。

在尼泊尔地震中，遇难者大多数被送到帕斯帕提那神庙露天火化，河边的清洗告别仪式禁止非印度教徒进入。我印象中很深刻的一幕是：没有摄影记者强行进入，他们都安静地到河岸对面远远拍摄。摄影记者比拼到最后，其实是在比拼个人价值观，真善美是人类永恒的追求。

（作者系南方日报摄影记者）

▲ 4月28日，巴德岗古城，民众自发挖掘废墟里的遇难者。

▲ 4月28日，位于加德满都以东14公里的巴德岗古城，是尼泊尔中世纪建筑和艺术的发源地，地震中遭受严重破坏，大人带着孩子到古井里取水。

▲ 4月28日，位于加德满都以东14公里的巴德岗古城，是尼泊尔中世纪建筑和艺术的发源地，地震中遭受严重破坏。清晨，当地民众还是如常来到广场前进行祭拜。

◀ 4月28日，位于加德满都以东14公里的巴德岗古城，是尼泊尔中世纪建筑和艺术的发源地，地震中遭受严重破坏。一名妇女在危房中寻找可用的物品。

◀ 4月30日，加德满都体育场临时安置点，帮忙提水的儿童。

◀ 5月3日，加德满都一处救援现场，一名男子在旁边祈祷。

▲ 4 月 30 日，位于加德满都体育场的临时安置点，人们在排队领取物资，一名小女孩不断伸头向前望。

◀ 4 月 28 日，加德满都著名的帕斯帕提那神庙，人们为一名地震中遇难的小女孩举行告别仪式。

▶ 4 月 30 日，位于加德满都体育场的临时安置点，一名大人和孩子们站在帐篷向外望。

▲ 5 月 1 日，杜巴广场上，当地民众和游客们自发清理废墟，保存古建筑的砖块和木头。

▲ 5月1日，加德满都著名的斯瓦扬布纳寺又称猴庙，在地震中损毁严重，两名尼泊尔僧人在废墟中收拾有用的物品。

▲ 5月2日，加德满都体育场临时安置点，一辆运送物资的军车进入，灾民们在伸手希望得到更多食物。

▲ 5月2日，加德满都的地标性建筑巴姆森塔完全坍塌，一名工作人员在废墟上撒消毒粉。

▲ 5月3日，尼泊尔加德满都，尼泊尔军警从被地震摧毁的 Kalmochan temple 中抢救出佛像，该寺庙有 2000 多年历史

当地时间 2015 年 1 月 19 日，小姑娘 Mia 和母亲的混乱生活。Anna Angenend 摄

# 熊孩子的快乐

这张照片由 Rex Features 图片社的摄影师 Anna Angenend 所拍摄，是一组关于在家照顾学前儿童的母亲系列照片当中的一张。灵感源自于摄影师身边真实的故事，却采用了创意人像的拍摄手法。

相对于新闻抓拍照片而言，创意图片蕴含了摄影师的更多想法和立意，包括画面布局、人物动作等各方面精密的计算。创意摄影与其说是拍摄照片的过程，倒不如说是一种精确的准备过程，也正因为如此，绝大部分创意图片没有太多新闻性，也无法满足短平快的信息需求。但这并不意味着它不能与新闻发生关系。在有效的新闻时间点，找到适当的有延伸性的图片产品，更能凸显出图片编辑的扩展性思维。当然，这首先要求图片编辑有庞大的日常浏览量，再者要求有想像力。

所以眼前这张上传时间前不着天后不着地的图片，放在儿童节使用就再合适不过了。画面因为摄影师刻意压低了曝光度而显现出精美质感，混乱的构图因为经过精心安排反衬出主体的喜感。真要吹毛求疵找点儿问题的话，就是左边线恰恰剪裁在母亲的脚踝关节处，但整个场景实在太欢乐了，谁又会在意这些呢?

翁倩

# 传媒运营

## 传媒运营

# 用全案服务带动传统媒体转型
## ——南都全案业务案例分析

□崔向红

崔向红

当下，受到互联网以及新媒体的深度影响和冲击，传统媒体特别是传统纸媒的经营状况面临严峻挑战。一方面传统广告商业模式受到严重冲击，硬广投放的数额在不断减少，出现断崖式的下滑；另一方面，面对客户日益增大的新媒体投放，在缺少一个拥有品牌知名度的新媒体产品，缺少新业务承载所需要的基本流量平台的情况下，也只能望钱兴叹。

硬广下滑，新媒体产品缺失，广告实效需求普及，这三大基本变化时刻困扰着纸媒的转型之路，曾经躺着赚钱的舒服日子一去不复返。

### 一、媒体转型的两条道路选择

面对困难的局面，摆在传统媒体人面前大抵是两条路。其一，如果继续实现所谓的高效赚钱，那必须实现技术突破，用技术手段实现流量入口平台的打造，实现媒体生产成本的最低以及新业务模式的探索。这意味着要与拥有核心技术优势的互联网企业进行正面火拼，实现彻底的基因变异基础上的颠覆式变革。这种选择一方面实现起来十分困难，另外一方面也因为互联网技术基因的缺失而变得举步维艰，当下的传统媒体已经几乎无法招来几个合格的程序员。其二，如果不能实现技术突破，则意味着必须要俯下身来从提升服务质量上下功夫，实现原有业务基础上的升级，实现传媒产业链条的深度整合，向传统媒体的固有优势要效率，向行业资源整合要效益，迈出跨界竞争的真正步子，而典型的业务模式就是为大客户提供全案服务。

所谓的全案服务，是基于传统媒体固有品牌和影响力优势之上，进一步发挥传统媒体在营销创意生产、品牌内容传播等的核心优势，以传媒业服务链条为主线，跨界整合媒体和媒介资源、传统广告公司以及公关公司业务，为客户提供基于内容生产、品牌传播、市场营销、活动执行、舆情监控等综合服务的一种业务模式。

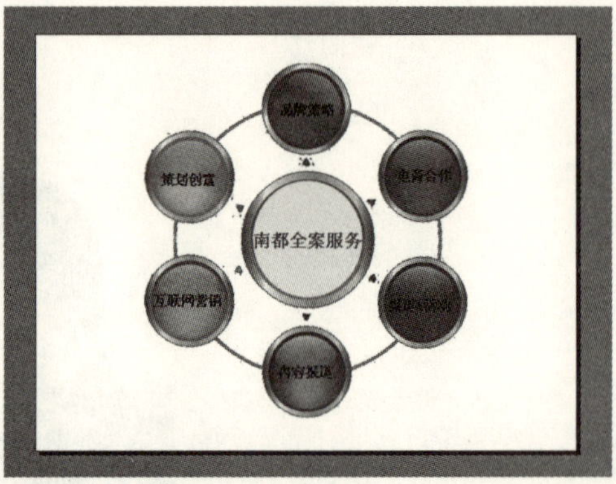


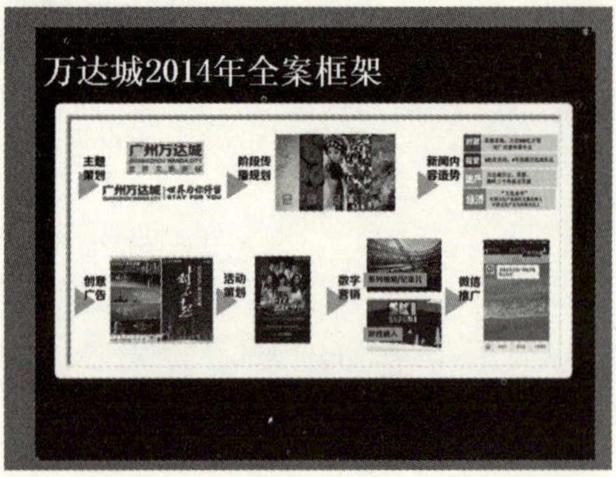


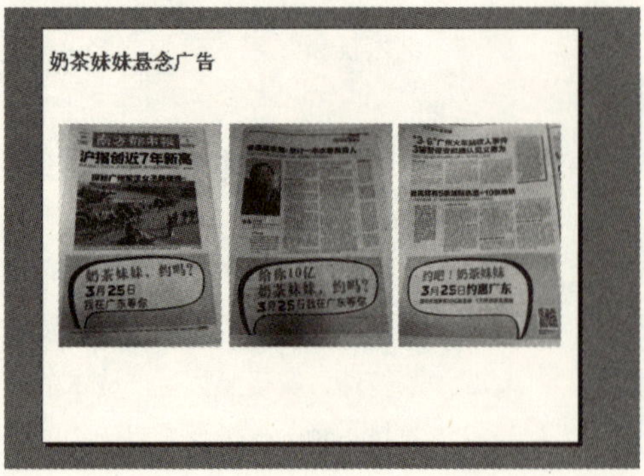




## 二、南都全案服务案例分析

面对日益下滑的硬广，南都报系从2014年下半年开始，顺应市场发展的需要，在充分了解客户需求变化的基础上，有意识地改变过往登门“要广告求广告”“刷脸卖人情”的传统广告销售方式，进而针对客户实现广告、公关、传播、营销、销售、渠道等一体化需求，提供一站式的解决方案。选择跨界整合，一方面基于媒体自身的资源优势、内容优势、创意优势，另一方面发挥媒体在整合资源方面的优势，选择一些重点大客户，尝试推动从售卖版面广告的业务模式向为用户提供定制化的全案整合营销传播服务转变。

从广告版面售卖到全案服务提供，从本质上实现了从版面商品销售到体验式服务提供的服务模式的升级，另一方面也充分发挥了媒体的资源整合优势和综合实力，将内部资源打通盘活，实现价值的最大限度的挖掘。

从去年下半年到 2015 年 5 月，共计服务于广州万达城、国美在线、苏宁易购、中兴努比亚手机、小蛮腰等十几个大客户的全案服务业务，一共实现超过 3000 万的收益，接近 2/3 的收入是实现服务客户零的突破。

**1. 广州万达城全案服务**

广州万达城的合作有标志性意义，也是南都全案服务的开山之作和代表作。全案小组是一个虚拟团队，从各个部门抽调业务骨干，分头收集广州万达城的项目资料、发展规划、营销需求等基本信息，然后量身订做全案。经过几轮比稿和竞标，南都的广州万达城全案服务方案得到了各方的一致认可。

这份全案中，包含了整个广州万达城项目的主题策划，确立了雪、花、秀、影、火等五个阶段性传播规划方案，从“作势”到“做实”到“做多”，阶段性推进传播规划，包含了“对不起”系列硬广创意设计以及新闻发布会、演唱会等活动策划执行，并配备专业的执行团队进行落地。在 2014 年万达集团的品牌表彰会上，广州万达城项目获得多项大奖，很多创意来自南都全案。

在新媒体实现手段方面，在南都自有的微博微信基础上，对外整合了适合进行阶段传播任务和主题推广需求的自媒体资源，进行线上数字营销和微信推广服务，以此配合广告创意传播、内容造势的传播效果。

在整个全案服务过程中，一方面通过全案的整体服务能力深深打动了客户，并且在客户整体营销投入中占据了主导的地位，另一方面通过全案服务的提供，有效整合了南都内部的优质媒体资源，进行了二次购买，一方面实现了全案服务收入，另外一方面也实现了自有媒体资源的价值实现。

**2. 国美在线全案服务**

在国美在线的全案服务中，整个方案更加侧重重点事件的营销策划，并根据当下热点的变化，即刻生成相关的广告创意、传播方案，并附之以落地推广，每一个服务都是定制化的，随时应变。

国美在线原来在南都是零投放。通过全案合作的模式，拉动了每月 50 万元全年 600 万元的合作。南都既是发布平台，也是国美在线的媒介顾问、咨询公司、4A 公司。“奶茶妹妹”这个悬念广告出自南都的创意和设计。一是与京东 PK，二是通过悬念广告引爆国美在线广东区域优惠战。除了悬念广告，还有客户端传播、线下活动，比如组织 100 个“奶茶妹妹”

上街派奶茶，国美在线赞助的《速度与激情 7》首映包场电影等，迅速引爆话题和传播。

与此同时，面对国美在线 APP 推广过程中的下载量硬性 KPI 指标，全案服务团队充分整合了南都丰富的社区渠道资源，利用社区院线、校园工作站、CBDTIMES 等社区垂直媒体资源，进行线下 APP 推广和现场安装，在短时间内保证品牌传播的基础上实现了有效活跃用户的吸纳，将全案服务从线上做到线下，从传播做到销售实现。



#### 3. 苏宁易购全案服务

全案打磨超过两个月，在今年 5 月，通过“姓苏的”系列悬念广告引爆。当时南都拿出这个全案后，苏宁易购华南区高管说：南都今天给了我一个大大的惊喜和礼物！拉动的合作是上年合作规模的 4 倍以上，还将在社区、高校、农产品电商平台进行深度合作。

姓苏的系列四连版

#### 4. 中兴努比亚全案服务

这也是零的突破。中兴努比亚有很多大手笔的投放比如 NBA 等，但是几乎不在纸媒做硬广投放。通过全案合作，拉动了品牌推广、电商、高校等版块的合作。

### 二、全案服务的创新工作机制

#### 1. 去中心化的扁平化的工作群组

在诸多的全案服务业务中，虚拟全案服务团队与客户整个对接团队组成了微信工作群，第一时间进行信息的沟通和决策，双方的决策层和执行层代表在同一个扁平化的工作群众同步工作，一方面加快了服务执行的效率，另外一方面又减少了决策的层级，免掉了不必要的中间环节。

2. 即时反应和行动的决策机制

全案服务项目执行的空档期，每一个工作群的个体都会将最新的新闻事件以及与全案服务相关的信息在群内分享，第一时间进行相关策划点的讨论，即刻形成广告创意和执行方案，并立即执行。整个决策流程和机制在一个没有过多中间环节的大体系中进行，提案和决策执行人员的一体化，大大提高了决策效率。



## 三、南都全案服务模式的创新

南都全案服务模式，最大限度整合了南都的媒体和品牌资源，将全介质传播、全渠道占有、全平台运营和全流程介入的核心优势发挥出来，将南都的资源和产品优势在一个全案服务业务中进行深度的整合和协同运作，最大限度地实现资源价值增值。

南都全案服务模式坚持在互联网全新媒体生态环境下，适应去中心化、去中介化的趋势跨界整合报系内部以及外部的媒体资源、落地活动资源，做了曾经只有 4A 广告公司以及部分公关公司所做的事情，实现跨界竞争和资源的整合。

在整个服务业务提供过程中，坚持媒体创意导向、精细化运作和专业服务的基本理念，以广告创意、营销创意、内容创意为重点突破点，实现对于宏观态势的整体把握，牵动资源的整合和价值实现，掌控到传播链条中上游的核心地带，牢牢掌控业务的主动权。

广州塔首个地标宣传亮相，你看到了吗？

约

设谜

解谜

点谜

他们眼中，什么是广州精神？

在整个全案服务提供的过程中，一方面实现了业务范畴的跨界、资源整合范围的跨界，同时又实现了传统广告业务销售单一广告版面的服务模式，实现了广告业务人员向媒介顾问角色转变，变版面产品销售为服务提供，让品牌顾问咨询、4A 广告创意以及线下活动执行三个重要环节的策划和执行能力都得到了很大的提升，在带动传统经营业务模式转型的过程中，也直接带动了业务人员的角色转换和个人转型升级。

这种转变的效果可以直接从客户的态度上得到检验。当客户的认知还停留在南都是份报纸的时候，得到的待遇是门难进脸难看：我们不做硬广，我们不投纸媒，我们今年的广告已经分完了。



当我们以全案服务的面貌出现的时候，得到的是礼遇有加。在中兴、华为、长隆都受到热捧。与万达的合作份额从 24% 拉升到 55%。国美在线、中兴努比亚、“小蛮腰”、“我有车”之前都是零投放。

## 四、复制全案服务模式不是梦

虽然南都全案服务的客户分布在各个行业、各种类型的客户之间，看似比较杂乱，但是整个的全案服务业务从发现商机到形成方案，再到竞争招标以及落地执行都有章可循，有基本的操作方法和流程。

### 1. 目标锁定

做好全案服务的首要任务就是寻找目标客户，在房产、电商等大行业中寻找客户，用 80% 的精力服务好 20% 的重点客户，同时也保证更具有互

联网思维的、具有先进理念的新创企业，进行有针对性的客户开发。

**2. 有效连接**

锁定客户只是第一步，要实现全案业务顺利拿下，还必须与客户实现有效的连接，亦即真正地发现机会的过程，在这样的过程中必须坚持16个字的基本方针：提前预习、打通渠道、整合资源、高度敏感。

在还没有进行实质性的全案业务拓展前，需要对有可能实现全案业务的客户进行梳理和盘点，以锁定重点客户，要做足预习的功课。

然后上门对客户的需求进行充分的了解和沟通交流，这样才能保证全案的精准到位；同时要善于整合内外部资源，找到一些局部突破的机会；对社会新闻热点事件的足够敏感性，在最能够借力借势的节点上实现具体业务的展开，也能够使得整个业务的实现效果大大提升。

**3. 一锤定音**

连接之后，还需要最终的落定和一锤定音，还必须进行更加深入卓绝的努力。最关键的一点是，媒体能否整合所有资源，利用平台渠道的优势，实现全案的有效转化率，为企业的品牌推广和KPI考核提供实实在在的拉动。

南都全案服务业务模式，是在当下一个全新的传媒生态环境下，对传统媒体过往优势的一次重新梳理后，结合市场上的客观需求，及时调整内部资源利用和整合的方式方法，以全案服务模式带动广告业务向服务业务转变，带动广告业务员从销售人员到服务人员的转变，从简单销售能力到品牌顾问、广告创意能力和线下活动执行能力的全面能力素质的提升，在业务转型的同时实现业务人员的自我转型。

双管齐下的转型才是真正的转型，缺少了员工转型升级的组织转型是空中楼阁，缺少了组织转型的员工转型的必然结果是员工的离去，组织的衰败。全案服务业务的转型实践，最大的突破点或许不仅仅在增量收益，也不仅仅在于继续稳固了几个大客户的关系，更为重要的它是一种业务模式的转型新路。

一条可以看得到实效的闭环商业模式呈现在我们的眼前，让每一个员工都看到，参与其中，在其中付出与锻炼，并享受其中的结果、经济上的收益，更是个人业务能力上的升级和转型。

（作者系南方都市报常务副总编辑）

# 壮大会展经济　完善业务生态

## ——南方农村报开拓会展经济的实践

□周晓凤　毛志勇

周晓凤

按照“寻找增长点，丰富业务线”的经营方针，从2009年起，南方农村报开始有计划地举办会展等活动，为存量客户提供新的服务平台，通过新平台吸引增量客户，形成各种经营手段互相补充和轮动从而做大客户交易额的良性循环。通过举办一系列的会展，南方农村报整合了社会资源，提升了行业影响，锻炼了人才队伍，完善了业务生态，打开了经营局面，增加了业务体量。会展举办地以广东为核心逐步辐射周边省份，分布在广东、广西、海南、云南、湖北等地，顺利助推经营业务实现从区域性向全国性的跨越。南方农村报逐渐认识到，必须走专业细分道路，服务于某类产业的产业链交流与合作，将传播价值变成传媒机构的品牌力、经济上的增值力乃至在农产业中的竞争力。2013年1月，在南方农村报纪念创刊50周年之际，正式提出新的业务定位——独特价值三农综合服务商，从战略上明确了会展等服务型经济在经营业务中的地位。

### 一、南方农村报会展经济的概况

南方农村报现有三大系列会展，分别是农资类、种业类和畜牧类，对应于报社的阿米巴事业部设置，具有代表性的分别是华南农资博览会、广东种业博览会、南方鲜食玉米大会和华南畜牧业博览会。实际上，南方农村报的会展经济起步既不算早，规模也不算大，只是抓住机会做了几件事情。

南方农村报历史上第一个会展举办于 2009 年。首届华南（广州）农资博览会从开始筹备到成功举办仅仅用了不到五个月的时间，实现收入为 264 万元，约占当年报社广告（活动）总收入的 18%，超出了预先规划的目标。该展会也被认为是华南地区有史以来参展企业最多、品种最为齐全的农业博览会，涵盖了农业产业链上的生产资料、机械装备以及作为生产成果的农产品，开创了由媒体主办农业类会展的先河，也让南方农村报在全国农资领域确立了一线媒体的地位。



首届华南（广州）农资博览会的成功让我们感到振奋，这次活动从策划到实施，以较强的胆识、扎实的工作、良好的效果诠释了“一切皆有可能”的工作理念，是“南方基因”的生动体现。

尽管此后单个会展占年度广告（活动）总收入的比重再也达不到 2009 年的高度，但会展经济的体量已远超当初，且成为南方农村报经济版图中不可或缺的一部分（见图表 1）。

图表 1：近年南方农村报包括会展在内的活动收入占广告（活动）总收入比重

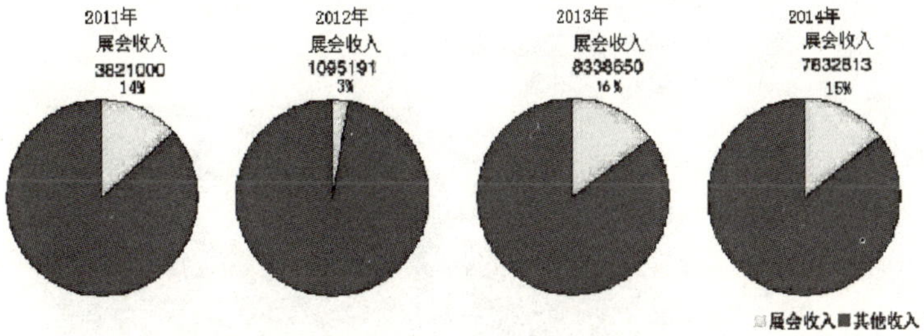


2015 年，南方农村报计划举办大大小小的会展共有 10 个，在数量方面达到了一个阶段性的高点，其中农资展有 3 个，畜牧展有 3 个，种业展有 4 个，举办地分布在广东广州、茂名、肇庆，海南海口、三亚，云南昆明、西双版纳，湖北武汉，广西玉林。今年会展总收入预计在 1400 万左右，可能接近报社所有广告（活动）收入的三成。

近几年来，南方农村报包括会展在内的活动收入占广告（活动）总收入的比重连年攀升，2014 年已经突破三成，2015 年将会继续提高。从收入结构来说，这是可喜的变化，因为收入多元化有助于提高我们的抗风险能力。

## 二、会展经济对广告等业务的促进作用

2009年首次举办会展时，南方农村报就明确提出，办展本身不是目的，在会展赢利的同时，展示媒体动员企业目标顾客的能力，为广告等其他经营业务创造有利环境，让报社利益最大化才是我们的目标。有不少大型企业表示，参加媒体举办的会展不仅是为了提高销售业绩、集中展示产品，更是为了借助强势媒体的平台宣传企业品牌，培养潜在客户，同时也是与媒体进行全方位合作的一种方式。



统计显示，在2009年成功举办华南（广州）农资博览会后，南方农村报农资类的广告取得了较大的发展，此后的畜牧类广告也遵循着类似的规律，但种业方面目前还看不出会展与广告之间的线性关系。

当前，我国农业类的会展有四类举办主体，一是政府，二是官方协会，三是民营展览公司，四是媒体。相比政府、官方协会和民营企业，媒体办展有自身独特之处，除了在公信力、传播力和市场能力方面的优势外，我们能将多种文化元素融入会展之中，拥有会展、广告、论坛、策划、培训、设计、视频等业务组成的生态系，而其他主体办展基本上是一锤子买卖。如果运作得当，广告、会展、论坛、策划、培训、设计、视频等业务之间可以互相引流，从而做大报社与客户之间的交易总量。可以说，“跳出会展办会展”是发挥媒体办展的优势之一。

2009年12月举办的华南（广州）农资博览会开创了南方农村报会展经济的先河。

## 三、会展经济存在的问题

会展经济在国内很多地方一直得到政府和实业界的重视，对推动经济

南方鲜食玉米大会

高峰论坛聚焦热点提供信息大餐

中国甜玉米市场远未饱和

科企合作欠权威估价交易平台

农村财富

06

一个会一批种一行业：聚焦稻粮

发展起到了强大的促进作用。会展经济属于影响力经济，只要会展期间场面火爆，即使现场成交不够理想，对下次会展规模影响也不大。但对于尚未形成品牌的会展，尤其是没有政府直接支持的会展，要搞活参观和参展这个两面市场，需要投入大量人力去做服务工作。这会严重影响会展的利润率，如果广告等衍生业务跟不上来，就可能会出现得势不得分的局面。其他举办主体，或者是有财政补贴，或者是可以强制企业参展，又或者是运作成本较低，仅就会展本身来说，盈利状况未必差过我们。会展经济的另一个问题，就是在同类会展竞争激烈的情况下，摊薄了市场蛋糕，这对市场的新进入者尤其不利，也在一定程度上阻碍了南方农村报的会展业务开拓速度。

因此，南方农村报在开拓外省会展业务的同时，也在思考、探索如何能够降低运作成本，并获得政府、学界支持。2013年举办的南方鲜食玉米大会开创了南方农村报的会展新模式，采取了“农业专业媒体+科研单位+行业协会+企业”等多方合作的方式，无论是在组织架构，还是收入来源上都有所创新，且主要由采编团队主导完成。这是一次针对单一作物进行的集品种展示、产业论坛、学术研讨会、种子交易于一体的专业会议，规模虽小，内容却十分丰富，几乎涵盖了一个综合型种子会展所能包涵的每个环节，且筹备期短、运作成本低。这对锻炼采编团队能力、开拓专业化会展、深耕利基市场是一次有益尝试。目前，该会已成为业内公认的最具开放性、专业性与代表性的行业盛会，得到了中国鲜食玉米行业同仁的广泛认可。业内知名人士评价，同其他产业会议相比，南方鲜食玉米大会学术味最浓；同其他学术会议相比，南方鲜食玉米大会产业味最浓。

除了探索会展举办新模式之外，南方农村报还试图加强与其他非竞争性会展尤其是政府举办的大型会展的合作，承担好会展深度合作媒体的角色，这也是深耕主业的一部分。在会展经济步入产业化和市场化的今天，如何利用新媒体进行会展宣传，通过社交媒体平台扩大会展品牌影响力，挖掘更多潜在目标用户已成为当前会展举办主体面临的新挑战。南方农村报将利用好自有互联网平台，在强调会展信息传递的真实性和实用性外，更加注重信息传递方式的多样化和可接受性，比如扩大会展的审美娱乐功能，更加注重信息传递的视觉效果和听觉感受。

04 重点
广东：中国农业优化发展区

07 农村财富
荔枝电商：有自家果园的80后

## 四、做大会展经济的设想

在传统广告难以增长的大形势下，壮大会展经济仍然是一种突破增长瓶颈的有效方式。海南、广西、云南、湖南、福建、江西都是我们办会的目的地，选择外省农业发达、农资集散地的城市举办会展，既能开拓新的赢利点，又可打造新的根据地，让南方农村报真正覆盖“南方”。具体做法包括：

一是继续开拓外省市场。自 2014 年首次走出广东，举办海南农资暨种业交易会后，2015 年又走进云南，6 月份将在昆明举办东南亚（云南）农资博览会。4 月上旬，我们又去江西调研走访了企业、经销商和有关政府部门，计划明年在南昌举办畜牧业博览会。

二是在主产区举办区域性会展。在省会等大城市已经被先行者牢牢占位的情况下，从某些农产品的主产区入手举办区域性会展是突破良方，时机成熟后再实施“农村包围城市”的策略。这类会展虽然规模不大，但由于可以利用政府、行业关系等设置一定的护城河，形成独占性的资源，在会展形成品牌后也能获取较为理想的利润。这类会展让南方农村报扎根区域深耕市场，真正实现南方农村报对参展企业的承诺——实现指名购买，拉动产品销售，如华南（茂名）畜牧业博览会、华南（肇庆）畜牧业博览会等。

三是针对某些大宗农产品举办产业链会展。这类会展聚焦作物，按照“资源组织化，组织资源化”的思路，注重产业的纵向延伸，突出产学研等组织机构的合作，提供平台让产业链的上下游互动从而创造价值。如我们举办的广东水稻产业大会、南方鲜食玉米大会，以及准备召开的 2015 香蕉全产业博览会暨投资峰会等。

四是试验 O2O 模式。在会展举办之前，将参与现场展览的企业产品搬上主办方建设的网上商城，尝试 O2O 销售，一方面为参展企业提前锁定订单，另一方面也是利用南方农村报丰富的线下资源，培育农村用户的电商消费习惯。

五是继续做好会展影响力的变现工作，发挥生态系对增收的主体性作用，让会展、广告、论坛、策划、培训、设计、视频等业务实现相互引流，报社内部各阿米巴事业部相辅相成，多方共赢。

（作者周晓凤系南方农村报新农事业部总监，毛志勇系南方农村报总经理）

# “补官”不敌“桃花劫 ”的悲哀

□褚朝新

褚朝新



不知不觉，到南方周末做时政新闻已经快四年了。这四年，对如何做真正意义上的时政新闻有诸多困惑，实践中也常有凄冷孤寂之感。

最近，写了两篇报道，一篇是说空缺大量官员的山西如何选官，一篇是说一群湖南官员遭遇性敲诈。两文的社会价值高下立判，但实际遭遇与其价值大不相符。两文的价值与遭遇之严重不对等，或许是老话题，但老话题不时要摆在我这类还赖在一线做采访的老记者面前，让人生出诸多感概。而两文背后的一些故事，个人以为也值得与诸君分享。

## 山西省委领导没审稿

四月，在山西待了 24 天，写了三篇文章。其中两篇，一是写山西如何补官，一是写腐败重灾区吕梁官场如何“灾后”重建。

两文，采访到且可公开身份姓名的官员，大致有山西省委组织部常务副部长张高宏、吕梁市委书记高卫东、吕梁市纪委书记张稳科、吕梁市委组织部常务副部长樊立华、孝义市委书记马文革、柳林县委书记郝继平、山西省交通厅厅长李正印、山西省道路运输管理局局长杨吉平。此外，还有一些无法公开姓名职务的官员。

采访中，近半官员几乎是知无不言、言无不尽，对山西官场的腐败过

南方周末

乐享生活 近在民生

兰菌净：生意没受影响

汪国真：我就问你一句话

直击尼泊尔大地震

谢谢中国

依法治国，从管住红头文件开始

山西“补官”

全程差额，全程记名推荐，全程廉政审查

A3 | 吕梁：官场“重灾区”艰难重建

A4 纵深

山西“补官”

往和对未来的迷茫毫不隐瞒和掩饰。这种坦率的态度，在时政新闻的采访中很少遇到。

上述官员中，有人直接告诉我，如果不是山西省委书记王儒林大力支持我的此次采访，他不会见我，更不会接受我的采访。确实，这两篇文章，采访中都得到了山西省委书记的支持。正如上述官员说的，没有省委书记的支持，不可能采访到这么多身居要职的山西官员，即便侥幸采访到了一两位，也不可能说那么多、那么透。

2015 年两会期间，山西代表团内，官员代表们对山西境外的记者大多三缄其口。有一天，因为我在会场给王儒林递交了一份简单的书面采访提纲，山西省人大官员到全国人大新闻局投诉我，说我堵截王儒林采访。此事，经全国人大反馈到我的编辑李梁那里。最后，此事经王儒林和山西省委常委、宣传部长胡苏平介入调解，山西省人大才以“一场误会”去全国人大撤了投诉。

事实上，往年记者们拉扯堵截省部级官员采访，在两会期间是常见的采访方式，而山西省人大的宣传官员居然以“堵截省委书记采访”为由到全国人大投诉，他们对媒体的戒备，可见一斑。

四月份在山西的采访，得到山西省委书记王儒林的支持，因此显得十分难得。自然，山西有山西的考虑，媒体也有媒体的立场和责任。意外的是，王儒林对采访给予了大力的支持，却没有对采访提任何要求，没有设禁区。因为王儒林的支持，山西省委组织部甚至提供了多份内部文件给我。从业多年，这种情况并不多见。

最难得的是，支持此次采访报道的王儒林，至始至终没有提出审稿的要求。采访中，山西省委组织部几名负责协调采访的官员曾提出审稿，被我婉拒。我当时的考虑是，既然省委书记如此支持采访，审稿或不审稿应该由他来决定。其他只是应要求配合而不是自发主动接受采访的官员，无权要求审稿。

截稿日前，山西省委一名处级官员又提出审稿，我再次婉拒。当时，我对他说：王书记这么支持采访，但没有提任何要求，也没有提审稿，这是气度。你，何必去破坏领导的这种气度呢？再说，如果你们下面的人提出审稿，审了对稿件不满意，而我和报社又不能按照你们的意思修改，这不是给你我凭添麻烦吗？该处长此后再没有提审稿的事情。



稿件见报前一日，山西省委常委、宣传部长胡苏平约见了我。谈了近一个小时，也没有提审稿的要求，只是嘱咐成稿时注意把握两点：说清楚山西空缺300多名省管干部的具体情况（空缺311名，只有34个是因为反腐被抓导致空缺），山西绝大多数干部是好的。此外，安排人提供了数本山西文化、历史方面的书，嘱咐我更多地了解了解山西的历史和文化，将来还可以多写写山西。

山西高层此次这种开放、开明、坦诚的态度，近年来在官场罕见。最近一年，有两名媒体同行撰文写其及其所服务的媒体如何听凭采访对象改

南方周末　　责任编辑 李梁 助理编辑 温翠玲 email:politics@infzm.com 电话：010-59540347 2015.4.30　纵深 A3

## 吕梁：官场"重灾区"艰难重建

吕梁市委书记高卫东（前排右）在市气象局调研。山西省委书记王儒林将吕梁定性为腐败重灾区。高卫东对此表示接受，"涉及的干部多，面积大，涉及的金额也比较多，几乎有名的企业家都涉案，所以吕梁是腐败重灾区之一。" 图片来源｜山西省气象局官网

南方周末记者 褚朝新
发自山西太原、吕梁
南方周末实习生 李奥阳 贾宸琰

自从被定性为腐败重灾区后，吕梁市委书记高卫东就一直在思考如何摘掉这顶帽子。

经历官场塌方式腐败后，下辖13个县市区的山西吕梁人事全部冻结。因为官员贪腐落马、与高层贪腐案有牵涉，以及一些官员表现平庸及到龄退休，吕梁一度空缺的市委常委、县委书记和县长总数多达十多人。这段时间，山西正举全省之力，为吕梁配备空缺的市委常委、县委书记。

如何对待"面目模糊"的在职官员，如何稳定"灾后"的官场，如何防止新提拔的官员"生病"，吕梁官场正在经历一场史无前例的"灾后重建"。

### "腐败重灾区"

自从市长丁雪峰被带走后，吕梁市委书记高卫东就开始感觉到了压力。

2013年12月，担任吕梁市市长的丁雪峰被带走调查。被带走前，丁雪峰已经知道消息，高卫东曾多次与他谈话并稳定其情绪。

"没想到这小子还有这问题。"2016年4月24日，高卫东告诉南方周末记者，"我一直觉得他人不错，也年轻，可惜了。"

丁雪峰被带走后，曾相继担任过吕梁市委书记的山西省委常委聂春玉、杜善学和担任过吕梁市委副书记的省委常委白云相继落马。吕梁因他们被定性为腐败重灾区。这让高卫东意识到吕梁基层官场将有不少官员涉案。

高卫东的判断是正确的。继丁雪峰之后，吕梁地方官员不断有人落马。2014年5月，副市长张中生被调查；8月，吕梁市人大常委会副主任郑明珠被调查；9月，吕梁市委常委、离石区委书记闫卿平被调查；12月，吕梁市政协副主席刘广龙和市委常委、政法委书记李良森被调查。

吕梁县级官场，也不断有县市区委书记和县市区长落马。2014年9月，柳林县委书记王宁被调查。12月，孝义市市长王建国被调查。此外，还有多名现任或曾担任过副县长、县委副书记职务的县处级官员被调查。

"没想到这小子（丁雪峰）还有这问题，他从来没说过他还认识这么大的人物。"

2015年3月，吕梁市有6名省管干部（省管干部指厅级官员和县市区委书记，不包括县市区长）被免职，其中多人没有被双规也不到退休年龄，免职后没有安排新职位。高卫东向南方周末记者透露，其中有些官员存在违纪行为。

吕梁市委常委、纪委书记张稳科向南方周末记者介绍，目前，吕梁有十多名接受过中纪委和省纪委专案组调查的涉案处级官员仍在任，等待处理。

吕梁官场此前严重的买官卖官、跑票拉票之风，给现任市委书记高卫东留下不少麻烦。

2012年，时任文水副县长王辉被举报吃空饷。南方周末记者当时调查获知，王辉从一名商人变为副县长，与当时任山西省委常委的聂春玉和杜善学有关。一名知情官员向南方周末记者透露，当时山西省委一名高层批评吕梁官员处理得不够快，"你们就是想把两个常委搞下去，你们自己想当常委。"

当时在吕梁，甚至出现了非公务员者当上了副县长。吕梁一名知情官员透露，"有钱了，都想弄个官当当。"最后，这名不是公务员身份的副县长被免职，调到事业单位工作。

2014年9月，山西省委书记王儒林在吕梁调研时将吕梁定性为腐败重灾区。高卫东对此表示接受，"涉及干部多，面积大，涉及的金额也比较多，几乎有名的企业家都涉案，所以吕梁是腐败重灾区之一。"

### 市委书记的反思

作为腐败重灾区，2011年到任的吕梁市委书记高卫东没有被追责，但他自认为有责任。

2014年10月，山西省纪委书记黄晓薇与高卫东有过一次对话。在现场见证的吕梁市纪委书记张稳科向南方周末记者透露，两人的对话颇有意思。

"黄书记问我，'让你说说某个县的重点项目，估计你能说得上来，那这个县的县委书记怎么样，有没有什么问题，你知道吗？'"高卫东告诉南方周末记者，他被问住了。

2012年初，高卫东从山西省运城市委书记调任吕梁市委书记，在山西的地级市委书记中，算是资历较老的市委书记。但是，他一度不了解下辖各县县委书记是否有问题。

"我心里想，县委书记是省管干部，是省委选拔考察任命的干部，他们怎么样我怎么会知道。"高卫东说。

在高卫东心里，所谓党风廉政教育的"主体责任"，就是他作为一把手要带好头，召开会议布置强调，"我做到了，自己很注意，也开会多次强调。"

张稳科告诉南方周末记者，高卫东当时的回答让黄晓薇不太满意。"高书记说，你要问我县委书记的工作情况，我都知道，但你要问我其他方面的问题，我真不敢跟你说我知道。"

现场，黄晓薇当众认为高卫东的主体责任认识有偏差，"她说，不了解身边的干部，就是主体责任不到位。"

"我这才觉得，人家说的是对的。过去我当市委书记，总认为班子成员都是省管干部，不归我管，我自己做好样子，该开的会也开了，该强调的强调了，这样就行了。"高卫东说，经历过这次谈话，他此后问起县委书记们对主体责任的落实情况时，也会问他们除了开会传达实际中还做了什么，比如是否掌握手下官员的问题。

"我要把这种主体责任的压力，向下传下去。"高卫东说。

过去，高卫东不打听手下官员八小时外的事情，如今他会找人询问一些市委常委和县委书记的情况。"我找人打听某个县委书记的情况，他事后会告诉这个县委书记。这样，这个县委书记知道我在打听他，就会注意很多。"

认识到自己过去主体责任履行不够后，高卫东有些痛心，"如果我早点这么做，可以挽救很多干部。"

▶下转第6版

A6 时局

吕梁：官场"重灾区"艰难重建

经济新常态呼唤全要素生产率升级，加多宝打造2.0版凉茶中国梦

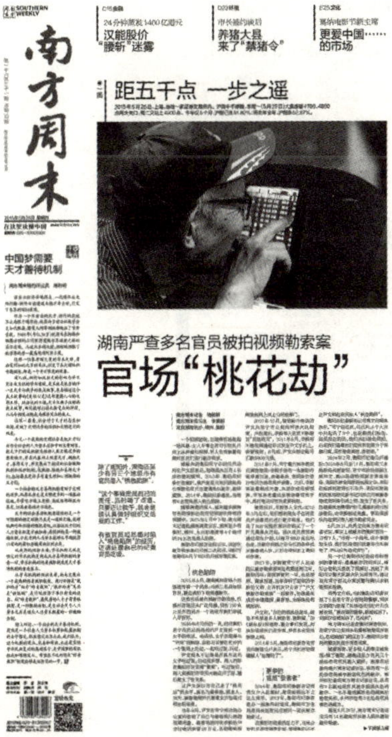
南方周末

汉能股价"腰斩"迷雾

养猪大县来了"禁猪令"

距五千点 一步之遥

中国梦需要天才善待机制

湖南严查多名官员被拍视频勒索案

官场"桃花劫"

稿、删稿。字里行间，把自家新闻被名人、官员任意修改当作了一种"临幸"，不以为耻反以为荣。此种大环境下，山西高层此次与我交往的开明态度，实属难得。

## "补官"不如"桃花劫"火

此次对山西的报道，涉及很多选拔干部顽疾和新做法。山西官场经历了塌方式腐败，报道中免不了写写过去地方官场腐败的细节和严重程度；新做法中，也不乏打破过去官场人事潜规则的亮点。比如选拔县委书记时，纪委书记要对初步入围者进行廉政谈话，结果大半官员主动放弃参选；比如县委书记的人选，不再局限在县长中；比如全程都必须差额并署名推荐。这对我们了解中国现实官场和政治，都颇有意义。

文章见报后，引起了较大的关注。尤其是在官场，引起的反响很大，得到了很多很高的评价。一些媒体同行，也给予了较高的评价。但是，山西报道获得的关注，远远不及一个月后我写的另一篇"三俗"的报道。

五月中旬的一天，我得到一个线报，湖南一群官员遭遇了性敲诈。证实消息属实后，我立即跟编辑李梁报题，"最近总做很严肃的题，这一次我想去做个有点'三俗'的题。"听我介绍了大概的案情后，李梁同意我去湖南走一趟。

事情其实很简单，一群湖南官员，遭遇了同样套路的性敲诈：自称见过面的年轻女子，主动约见。然后，吃饭开房上床。酒店各不相同，但床头都摆着同一个针孔摄像机。两人欢愉的场景，都被全程录下。本以为是桃花运，不想却是桃花劫。爽过不久，官员们纷纷收到自己主演的“动作片”光碟及一个账号。一名男子在电话里说，如果不往账号里汇指定金额的人民币，就把光碟寄到纪委、家属或者在网上公开。

经过一番调查，可以证实至少有13名官员坠入陷阱并乖乖就范，花钱消灾。只有衡阳下辖的县级市常宁市一名官员，接到敲诈电话后报警并“向组织主动汇报了”。这个敲诈团伙，不久被抓，6名成员落网。蹊跷的是，只有3人被起诉、2人被判刑。电话勾引官员们的2名女子，都没有被追究法律责任。

2013年年底，衡阳市纪委查案时发现有其他官员也被拍下了性爱视频，其中一名官员行贿办案警察试图删除有关自己的视频，于是重查此案。深挖之后，当地6名涉事官员才受到免职、撤职并公开通报的处理。



在湖南的郴州、永州和湘潭，都有官员被同一团伙设局敲诈，但各地处理的结果各不相同，有的是官员只被“严重警告”，有的是免职，有的是撤职，有的是降级。宽严不一，惹得议论纷纷。向敲诈团伙交的消灾钱的来源，也大多没有追查。此外，大部分知情的纪检部门，对媒体的采访表示极不欢迎。

采访中，我得知案件涉及官员人数众多，湖南省纪委掌握整体信息，敲诈团伙已经被检察院起诉到法院，于是先后联系或直接去了湖南省纪委、郴州市纪委、衡阳市检察院、衡阳市石鼓区法院、石鼓区检察院、衡阳市公安局、常宁市公安局，但采访要求都一一遭到拒绝。

在石鼓区检察院，我见到了参与过此案办理的公诉科副科长。这名副科长不愿意接受采访，说此事涉及当事官员的隐私。无奈，我只好离去。不料，石鼓区检察院政工室一领导事后得知我去过该院后，主动打电话来警告我：不许报道，否则如果泄密将追究你的法律责任。

该政工领导的这种态度，几乎代表了湖南多家政法单位对此事的态度，把被敲诈的官员当作普通的受害人，诸多保护、百般宽容。说当地官方宽容这些官员，并非我臆断。在被敲诈的官员中，报警并向组织主动汇报的那位，在案发后居然还被提拔了。

即便这篇报道因大多数知情部门拒绝采访而难以深入，但报道发表后引起了高密度的转载。各大门户网站纷纷转载，各地方报纸也纷纷转载，《南方都市报》刊登社论，就连《中国纪检监察报》这类特殊的行业报也都刊登评论文章。十多年没联系的中学同学，甚至因为看到这篇文章辗转找到了我。

严肃的时政报道，远不及这则有些"三俗"的报道的传播率高。这，让我这个时政记者颇为感慨，也很沮丧。一位前不久辞职去做了律师的前同事安慰我说：偶尔写读者喜欢看的，多写读者应该看的。他的话，确实再次把一个老问题又摆在我面前：我们究竟是要写读者爱看的东西，还是该写我们觉得他们该看的东西？

中部某省省委宣传部一位副部长给我微信留言说：山西文，社会价值大于湖南文，但湖南文高度受关注。两文的处境，正是市场主义与新闻专业主义在当下的真实境况写照。

这些讨论新闻专业的话题，远离我们很久了。喧嚣中，记者如何转行赚钱、所谓的新媒体优势，往往是还留在传统媒体中的从业者们最热门的话题。不知道新闻业里还有多少我这样的"老朽"，还在在意该写什么不该写什么，还在因为一篇严肃的时政报道"不敌"一篇三俗消息而沮丧。

是不是已经走得太远，疲累的我们忘记了为何出发？

（作者系南方周末记者）

# 新闻之光永远不灭　媒体之芒逐渐蜕变

□支庭荣　商亚美

支庭荣

美国二战期间的名将麦克阿瑟在 1951 年的演讲中引用了一句军歌：老兵不死，只是慢慢凋零(Old soldiers never die, they just fade away)。是的，就像人类之间的争斗绵延不绝一样，新兵们总是前赴后继。就像人类对信息、对新闻永远渴求一样，新的媒体总是在催迫和洗劫旧的版图。

最近这几年，美国新闻业增长不再，辉煌难续，人才奔走，狼烟四起。这是一次周期性的震荡下行呢，还是真真切切的断崖式坍塌？问题和挑战是很现实的，但是恐慌或许并不存在。报纸的转身在继续，曙光还在前方。哪怕做新闻的作坊、案板、厨子都换了一茬，但做出来的还是有那么点儿熟悉的味道。

## 行业衰退了，但没有倾覆

报业拐点来临的 2005 年，有机构预测：到十年后的今天，读者对报纸的信心将触到零点；再过 30 年，最后一张日报将会消失。但愿如此！人们再不用为这玩意儿操碎了心。

在过去的 11 年（2004-2014）里，美国的日报减少了 126 种，跌幅 8.6%。其中晚报从 653 种减少到 402 种，跌去了 38%，但是有些晚报改为早出，早报实际增加了 139 种。2008-2009 年，金融危机来袭，报业落入谷底，而后稍有反弹。今天的美国，仍然拥有 1331 种日报，仍是报业大国。

发行量方面，平日版总发行量减少了 1420 万份，跌幅 26%，周日版减少 130 万份，跌幅 22.5%，倒是够惨的！但是如果算上页面点击率、APP 下载率，数字远远没那么难看。

据皮尤研究中心的《新闻媒体状况报告 2015》，去年美国报业广告总营收 199 亿美元，同比下降 4%，日发行量下降 19%。倒推七八年，下行曲线已变得相当平缓了，数字广告收入还小幅上涨 3%，新旧模式进入了战略僵持。虽然不能说危机已经消失，至少暂时尚能饭也。



但是，整个行业的更大程度的蜕变，来自于生产方式、渠道构成、用户构成、新的用户习惯和心理，亦即在技术驱动下的行业版图的改写。美国报业协会(NAA)的一份报告显示，2015 年 3 月，美国数字报纸的成年读者数量达到了史上最高 1.73 亿人；只用手机看报纸的读者数量同比增长了 53%。美国的互联网用户中，35 岁以下的人占 53%，在报纸的数字读者中 35 岁以下占比 56%，显示了年轻人成为数字用户的主体。受众的数字化、移动化、社交化趋势相当明显。

美国新闻业研究所(American Press Institute)的读者研究发现，平均来说美国的成年人使用 4 种不同的装置或技术来获取新闻，包括印刷品、手机、平板和笔记本，依据情景和需求而定。

事实上，今天的新闻消费变成了一种十分私人化的体验，人们就像松鼠一样，安静地贮存自己的美食。可以在早餐的时候瞄一眼报纸，或翻开

PostTV | Politics | Opinions | Local | Sports | National | World | Business | Tech | Lifestyle | Entertainment | Jobs | Cars

The Washington Post

71° Washington, DC　June 11, 2015　Edition: U.S. | Regional　Make us your homepage

In the News　Heartburn drugs　Stock market　Binge drinking　Jeb Bush　Iraq

**How Jeb Bush's 2016 bid faltered before it began**

Ed O'Keefe and Robert Costa

Strategic errors by his campaign and unexpected stumbles by the would-be candidate have defined Bush's past six months, leaving his standing considerably diminished ahead of his formal entry into the race on Monday.

**Heartburn drugs linked to greater heart attack risk**

Lenny Bernstein

Stanford University researchers have found evidence that the millions of patients who take a common heartburn medication are 16 percent to 21 percent

Mike Gillham waits for the engine to warm up. (Bonnie Jo Mount/The Post)

**Once flush with 'oil money,' workers lose jobs — and hope — after prices fall**

Jim Tankersley

The oil and gas industry offered the prospects of good pay to men with no more than a high school education, but those jobs dried

Today's paper　Today'

Full list of today's print stories »

View our e-Replica edition »

SUBSCRIBE »

Most Read

1 How Jeb Bush's campaign ran off course before it even began

2 Common heartburn medications linked to

苹果笔记本，可以躺在床上对着平板，可以在排队的时候低头刷手机。这样做的结果是：读者和媒体之间的交流，几乎持续地在进行着。

一个叫保罗·菲尔德(Paul Field)的英国媒体企业的高管这样描述自己：从星期一到星期六，每天首先在 iPhone 上读报纸，白天会在 MacBook 上进进出出，至少 75% 的资讯从推特上获取，还包括其它几个 APP，上下班的路上看免费的地铁报和晚报，到了星期天才不看屏幕，享受印刷版的《邮报》和《泰晤士报》。而回望 20 年前，大多数午夜时分，他都会听到送报的摩托车停在自家的门外，把报纸“砰”的一声扔在台阶上。



## 深吸一口气，断腕不断背

对于报业来说，社交媒体让人们更容易地接触到重要的新闻，而不管发布源是谁，何况要找到把 PC 端或移动端新闻变现的办法，仍是一个严峻的挑战。如果我们要持续地做那些采、编、评、摄以及丰富多彩的设计，该怎样支付那些成本呢？探索还在进行中，但是进化终究要发生。

2014 年，美国多家报业传媒集团进行了资产重组，将报纸出版与广电业务分开。例如 8 月份全美最大的报纸出版商甘尼特公司，宣布将处境艰难的报纸出版部门与盈利更多增长更快的广播和数字业务分拆开来，并布局电视行业。同一时间论坛传媒公司完成了对出版资产与广播数字资产的分拆，保留了优质的广播数字资产，却将旗下亏损的《洛杉矶时报》、《芝加哥论坛报》和《巴尔的摩太阳报》独立出来，打造成论坛出版公司。更

早的，2013年6月默多克从新闻集团中拆出21世纪福克斯，也有类似的考虑，那就是让出版部门证明自己的增长能力，而不是躺在集团内部交叉补贴的温床上沦为寄生虫。

如果说在新媒体的遥遥招揽下大报“看门狗”们的流失，尚能自持的话，裁员就是一种不能自拔，挥刀断腕的举措。从2004-2013年，美国新闻部门削减了17400个工作岗位。2014年10月，《纽约时报》裁减了包括采编和经营人员在内的100个工作岗位。《华盛顿邮报》也精简新闻采编人员，加大对其他产品的投入。

《纽约每日新闻》曾是美国发行量最大的报纸，主要针对以曼哈顿为核心的纽约市区发行，后来向郊区扩张，创办了社区周刊《布鲁克林新闻》和《昆斯新闻》。为了缩减开支，投入更多资源进行数字化转型，2015年初，该报关闭了这两份周刊。这种壮士折臂的手段，显示出美国报业集中优质力量和资源进行求生存发展的勇气、无奈和灵活性。



在数字时代，实现复兴的最好的办法，是持续尝试新的东西，走在前沿。技术帮助塑造了新的边界，鼓励尝试新的事物。新技术企业还带来了关于数据开发和产品管理的珍贵经验。报纸不能坐在那里，眼睁睁地看着份额被吞噬。

有人把媒介融合定义为“印刷的、音频的、视频的、互动性数字媒体组织之间的战略的、操作的、文化的联盟”，就是说要打破旧的边界，利用新技术和新空间，改变现有的组织结构、思维模式、传播策略，探索新的可能，与狼共舞。

## 用体验说话，向数字迁徙

报业对印刷版的运作早已是资深的老兵，驾轻就熟，但是在数字新闻领域，还是一个窥门径不久的新手。《纽约时报》，还是那个“刊登”一切适合刊登的新闻的世界级媒体么？

有的编辑记者不时抱怨新闻兴趣的消逝，这并不符合事实。没有什么数据表明人们，包括新生代，与100年前相比对新闻不感兴趣了。关键的差别只是怎样挑选内容的供应者。供应者们确实越来越多了，新闻机构需要了解怎样去捕获更大的心灵份额(mindshare)，而不止是市场份额。要重建人们的报纸新闻的热忱。

2014年，《纽约时报》的“创新报告”露出真容。它的创新策略归纳起来，就是“数字产品优先”，包括跨部门，零距离发现机会，贴近受众，与用户互动；在裁减冗员的同时，优先招聘数字媒体和营销人才，利用大数据技术，沉浸到“数字世界”中去。今年5月，《纽约时报》的执行主编向员工发布了一个内部公告，在每日的新闻编辑例会上，不再对纸质版的编辑进行讨论，以确保跨设备的高用户体验。

现在报纸的组织形态已经发生了太多的改变。《纽约时报》的老编老记们，会与新招聘的数据分析师，组成团队，谈论如何保证人们通过智能手机、平板、可穿戴设备，优雅地阅读报纸的内容，以及保证人们在结束阅读后愿意分享，由此而要使用电子邮件、搜索引擎、社交媒体等不同的策略，进行用户拓展。报纸在视觉和视音频呈现技术方面，也需要专才，而这些一度被砍掉了很多，反而令报纸在与原生数字企业竞争时，处于不利局面。《华盛顿邮报》在纽约开设了一个技术设计与开发工作室WPNYC，正吸引开发人员、用户体验设计师和数据科学家加入。《今日美国》将技术开发人员、社交媒体编辑等数字团队整合进各个部门。《华尔街日报》以社交媒体编辑和数据分析专家为主力，创建了“实时新闻部”和“受众互动部”。



皮尤的报告显示，2014年美国的报纸中，只有印刷版的占56%，只有PC或移动端的占15%，其他的则跨设备混用。英美25家最大的数字报纸中，23家的移动端流量超过了PC端流量。但移动端用户的单次访问时间低于PC端用户访问时间。

报业无论如何转型，都必须考虑实

USA TODAY
THE NATION'S NEWSPAPER
NCAA TOURNAMENT
Basketball is a Zeller family affair
Players take iPads out to ballgame, 1C
5 matchups to watch
Newsline
OFFICE MADNESS!
CEOs get stipend on top of fat pay
Some execs receive up to $84,000 a year in cash allowances
TSA eases screening for ages 75 and up
Employers simply can't compete with technology: The nation's workers will watch the tournament.
Poll: 50% back pullout before '14

THE WALL STREET JOURNAL.
EUROPE
Australian floods hit coal mining and threaten global steel prices
Netanyahu calls for U.S. to free Israeli spy Pollard
Inflation puts new pressure on ECB stance
Tensions grow in Ivory Coast
Shell faces setback in Alaska drilling
The Quirk
Editorial & Opinion

际的收益与利润。继付费墙模式后，数字原生广告让人眼前一亮，《纽约时报》的 NYT Now 又免费了。这是一种让广告作为内容的一部分植入到实际页面设计中的传播形式，尽管有质疑的声音说它模糊了新闻与营销的界限，但多家媒体和广告商仍将其视为优质的平台。《纽约时报》设有专门的 T 品牌工作室，负责原生广告平台 PaidPost 的内容制作。2014 年第三季度，其原生广告驱动的数字广告收入增加了 16.5%。《华盛顿邮报》也有专门的团队负责品牌内容，帮助推广数字广告。

## 报人向前冲，未来不迷茫



报业不再被称为“报业”已经有一段时间了，新闻机构大多拥有多种介质——印刷、网站、手机、社交、电视、广播，应有尽有。

印刷新闻业的未来，可能不是日报式的，而是一个组合体。这不意味着有谁“痛恨印刷”，现实是，消费者总是被新的更好满足自身需求的产品所吸引。人们总是需要高度精致的新闻，但是不太可能仅仅依赖于一种媒体，比如新闻纸。传统的报纸品质很好，但是在灵活性上、在延展性上，先天不足。最近 20 年来，人们已经可以随时、随地、随身来接触他们想要的新闻。在这一点上，报纸难与争锋。新闻业不止是报业，重点是前者不是后者。用户的需求不管是被何种平台、题材、及时性、报道立场或者什么东西所激发，都属于新闻业的天空。未来的新闻业，不一定再用“报

FRIDAY MARCH 30, 2012

SECTION C

USA TODAY SPORTS

BOXING
Manny Pacquiao vs. Timothy Bradley
11C

NHL
Will the Kings win their first Cup?
Or will the Devils, down 3-1, make them go cross country again? 7C

SPORTSLINE

Cortland, N.Y., readies for Tebowmania

Jim Corbett
USA TODAY

CORTLAND, N.Y. Tim Tebow, the league's most popular backup and unorthodox passer is expected to help draw 53,000 fans and pump more than $5.8 million into Cortland's economy before the Jets break camp, according to Cortland County Convention and Visitors Bureau director Jim Dempsey. The Jets drew 41,000 fans in 2010.

"A friend from the next town who is a Broncos fan called when the Jets traded for Tebow and said, 'This will be huge for your town,'" Dempsey said Thursday. "I said, 'Sure.' He said, 'No, seriously.' "Boy, was he right."

The question is everywhere amid the league's most surreal training-camp venue:

Can the Jets' two-headed signal-calling dynamic of Mark Sanchez and Tebow succeed – or implode?

Denver's 2011 national sensation led six, fourth-quarter comeback wins and offers smartphone versatility as a red-zone wildcat threat who figures to play a major role.

"Tebow brings his own following," said Mark Braun, a Jets season-ticket holder who owns "Doug's Fish Fry," a popular restaurant a quarter mile from camp. "He's a hard guy not to root for."

New York Jets quarterback Tim Tebow (15) throws a pass during minicamp at the Atlantic Health Training Center on June 14.

FIRST WORD
"I AM NOT GOING OUT LOSING MY LAST ONE, ALL RIGHT?"
Chipper Jones, in a pre-game speech to his NL All-Star teammates.

Armstrong faces new allegations of doping

纸”这个词，它可能是一个故事、体验和节目的套装。

回到“报纸”这个能指上，显然全国性的大报面临的挑战最为严峻。新闻聚合网站 BuzzFeed 拥有过亿的独立用户，单篇文章浏览次数可达数百万；领英和雅虎雇佣职业新闻人来生产自己的媒体内容，从而可能成为新闻行业的有力竞争者。不过对于未来的区域报业，还是有理由乐观的。直接到达区域市场，是费力困难的，这给了区域报纸以很好的机会。这里有足够宽阔的空间，巨型媒体难以完全渗透和占有。这也可能是沃伦·巴菲特收购区域报纸的原因之一。



皮尤研究中心对区域新闻业的研究显示，人们渴求本地新闻，但是对本地新闻常常不满意。未来的报业应该更好地理解和拥抱本地的需求，服务于本地的需求。与所在区域联系起来，开发倾听技巧，鼓励参与。区域性的报纸，应该是新闻网络上的重要节点。

拥抱新技术，在更大程度上创造沉浸式的内容和参与性的新闻体验。在这样一个去除新闻呈现的束缚的时代，报纸有机会去捕获大块的心灵份额。再过 5 到 10 年，“千年一代”或者说 00 后的用户们登场，游戏手柄和智能电视会不会成为新闻接收终端呢?

无论如何，专业的新闻仍然有它无上的价值。可信度和善良的意愿，是报业商业模式的基础。优秀的媒体会持续投资和保护自己的优秀的新闻生产能力，更加聚焦于受众，无论在内容上，还是在经营策略上。

报纸，或印刷新闻业的未来，并不那么确定。但是，新闻的未来是乐观的。现在，信息的弹幕铺天盖地而来，可信的、有深度的信源仍然是稀缺的。更智能化、更聚焦的信息业在日渐逼近，但是在截稿时间之前，做出漂亮的产品，这一基本规则并没有改变。

（作者支庭荣系暨南大学新闻与传播学院教授，商亚美系该院研究生）

# 保护新闻线人的三重境界

□周筱赟

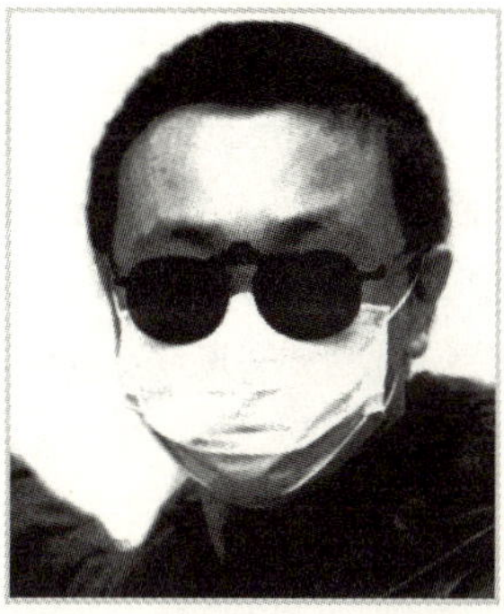

周筱赟

从2011年4月率先揭露“中石化天价酒事件”开始，我以普通网友身份，通过博客、论坛、微博、微信公号等自媒体平台，独家揭露了卢美美父女中非希望工程事件、铁道部12306订票网站信息公开、中华儿慈会48亿巨款神秘消失、红十字会社会监督委员会、天使妈妈基金被指截留善款800万、李亚鹏嫣然天使基金事件等20余起重大社会公共事件，并被作为正面例证，收入《媒体道德与伦理案例教学》(展江等著，中国传媒大学出版社2014年版)、《新闻记者培训教材2013》(柳斌杰主编，人民出版社2013年版)等。

我的所有网络爆料中，基本都有内部线人提供核心信息。但是，线人如果暴露，后果是非常可怕的。媒体人的职业道德，当然是不能让自己的报道给线人带来损害。

线人暴露，有时是记者经验不足导致。但更糟糕的情况，是某些记者为了追求轰动效应，怂恿线人露面。这类情况多发生在电视台，因为电视报道需要画面，当事人出镜会有更高的收视率。但这会给线人带来巨大的风险。

迄今为止，还从来没有任何线人在我手上暴露。因为我有一整套保护线人的方法。我把保护线人的方法分为三重境界。

## 第一重境界：“打死也不能说”

第一重境界的核心，就是“打死也不能说”。对任何人都不能透露线人的任何信息，包括父母、配偶、子女、朋友、闺蜜……因为多一个人知道，就多一份泄露的可能性。古龙的小说里，经常有这样的对白：“只有死人不会说出秘密。”所以，比较好的状态就是整个事件只有两个人知道：就是你和线人。

世界新闻史上著名的“水门事件”，尼克松竞选班子成员在对手办公室安装窃听器，此事经过《华盛顿邮报》报道，直接导致美国时任总统尼克松下台。该事件中，有一位神秘的深喉（Deep Throat）提供了重要资料。以深喉指代线人，也是由此而来。当时知道深喉身份的人其实有 4 个：两位记者鲍勃·伍德沃德和卡尔·伯恩斯坦、总编辑本·布拉德利，以及深喉自己。多达 4 个人知情，如果发生在中国，深喉身份就很可能暴露。

中石化天价酒事件中，某中央级媒体记者联系我，希望直接采访线人，表示会对声音图像做处理，我拒绝了。因为即使做了处理，还是会有线人的性别、年龄段等信息，一旦暴露，后果不堪设想。中石化广东分公司当时的总经理鲁广余，在被媒体曝光后，在大会上公开声称一定要把泄露商业秘密的“内鬼”揪出来，移送法办。

我爆料中石化天价酒事件后，央视、新华社都介入报道，且直接批评中石化公司，引发全国轰动。当时我面临一个巨大的媒体伦理困境：如果公安部、中纪委来找我核查，说希望当面向线人了解情况，我到底该不该

南方都市报 重点 A05

“天价酒”老总降职 自付13万酒钱

中石化公布“天价酒”处理结果，认定广东分公司总经理鲁广余买酒是为“自己用”

总量 1176瓶，金额：158.9040万元

鲁广余否认曾查“内鬼”

说呢？我非常纠结，因为《刑事诉讼法》第60条规定："凡是知道案件情况的人，都有作证的义务。"《民事诉讼法》第72条规定："凡是知道案件情况的单位和个人，都有义务出庭作证。"那我该怎么办呢？

为此我专门咨询律师，律师就对我说了一句话"你有沉默权"，让我茅塞顿开。我不能说假话，那是做伪证，但我可以选择不说。不过，后来我发现我的焦虑纯属自作多情，因为这个事件过程中，根本没有任何机构来找过我。

我在爆料过程中的核心证据只采信实物证据，人证至多作为旁证。我绝不会爆料只有线人和被揭露对象两个人才知道的事；不让线人使用单位电话、电脑等和我联系；不和内线见面，见面会增加内线的风险。这样的教训很多。广州某报记者接到河南信阳市匿名线人爆料，称当地残联虚报残疾儿童名单，冒领中央财政拨付的专项补助资金。记者去当地调查后，于2013年11月25日刊发报道《信阳市残联贫困残疾儿童康复工程乱象调查》。信阳市残联根据报道，确定线人就在内部。于是依照记者名字，马上查到了记者登记住宿的宾馆，然后调用记者住宿期间宾馆全部监控视频。记者竟然是在宾馆大堂和线人见面，于是线人就暴露了。这是非常惨痛的教训。

在新闻实务中，有一种倾向，我称之为"当事人迷信"。似乎只有记者当面见到线人，让线人重新复述一遍事件经过，如此才能确认真实性。不少记者还喜欢追问当事人身份和举报动机等。我认为这些和举报事实真实性本身毫无关系。我坚持从不和线人见面，杜绝了因此暴露线人的可能性。我只核实和采信实物证据，所以和线人见面听他当面讲述对我毫无意义。实物证据可以通过网络或快递发给我，并不是非要见面。难道当事人见面后赌咒发誓"我说的绝对是真的"，但提供不了任何实物证据，我就能相信他了吗？王天定教授指出："新闻采访是个广义行为，对报道对象的访问是采访，但借助网络查询信息何尝不是采访，我们如果只把对采访对象的当面访问视为采访，那无疑把网络时代的新闻生产拉回到了石器时代。"(《惩治虚假新闻为何"盖棺"容易论定"难"》，刊载于《法制新闻传播》2013年特辑)

## 第二重境界：隐藏一片树林

即使做到种种防范，内线仍处于危险中。如果内线很可能暴露，你怎么办？

这个问题就好比，你怎样才能隐藏一片树叶？是藏在一本书里，藏在抽屉里，还是藏在枕头底下？其实，这些方法都很容易被发现，答案是：“隐藏一片树叶的最好地点是树林”。这是阿根廷作家博尔赫斯的《沙之书》引用的一句谚语。可是，问题在于，如果没有树林，那该怎么办？

答案是：制造一片树林！

这个答案，我是受了英国侦探小说家 G.K. 切斯特顿的名作《布朗神父探案集》中的《断剑》启发。将军为了掩盖在树林中杀人的事实，故意让小部队进攻敌方大部队，在树林中留下了一大片尸体。“假如一具尸体必须被藏起来，他就会制造一个到处都是尸体的战场，把它藏在那里。”

所谓的树叶、树林，都只是一个比喻。我想说明的是：让怀疑对象无限多，让对方完全无从下手，根本不知道线人到底是谁，从而保护了线人的安全。



在中石化天价酒事件被媒体广泛报道后，线人联系我，说感到了危险，可能已经有人怀疑到他了。于是，我在接受采访中说：“爆料人背后就是中石化广东石油分公司非常高的高层领导，否则，怎么可能轻易搞到发票呢……公司的副总经理全部与他不和，中层骨干走了好几个，所以只要有机会，大家就会出来爆料的。当然，高层领导不需要自己亲自上网发帖，交代心腹去做就行了。”“一般来说，只有和财务有关系的领导或关键岗位的财务人员才有可能接触到这些发票。不过事情也不是那么绝对。反正我在这里既不肯定，也不否定，反正我对发帖人身份不做任何暗示。”（《北京晚报》2011 年 4 月 19 日）我上述表态，是有特别的用意的。从中石

化广东分公司的高层领导，到中层干部，到基层员工，我都提到了，说都有可能是线人，让怀疑对象无限多。这样就保护了线人不被暴露。

“制造一片树林”这个方法，是在迫不得已的情况下（即线人受到了怀疑）才使用。正常情况下，只要做到第一点“打死也不说”，基本就可以保证线人的安全了。线人为了避免遭到怀疑，往往会更激烈地骂我，或表现出对被揭露对象的支持。这点并不奇怪。所以没必要去猜测线人的身份，任何人都可能是线人。历史上父子相残、兄弟反目、夫妻异梦比比皆是。线人是谁并不重要，事实及证明该事实的证据才最重要。

## 第三重境界：无剑之剑

我把保护线人的第三重境界，也就是最高境界，比喻为“无剑之剑”。

所谓“无剑之剑”，我借用的是武侠小说里的常用意象。武侠小说中经常有这样的情节：武林各派争夺一把绝世宝剑，谁掌握了这把宝剑，谁就能称霸武林。这是剑法的最低境界，所谓“手中有剑”，是这把宝剑厉害。而再高一层的境界，就是“手中无剑、心中有剑”，即剑法高超，所以根本不需要手中有剑，即使随便捡一根树枝，也能打败对方。而最高的境界则是“手中无剑、心中亦无剑”。我看过一则古代寓言，一个人剑法的最高境界就是，再也没有见过他使用过剑。但是，凡是有飞鸟飞过他的住宅，都噼里啪啦全掉下来了。这就是剑气。

以上只是一个比喻，落实在保护线人上，我想表达的意思就是：我知道线人是谁，还是有可能暴露线人的，但如果连我自己都不知道这个线人是谁，我还会暴露这个线人吗？当然不会。既然我的原则是只采信实物证据，不采信言词证据，即便是当事人的陈述我也不采信，那么我只要核实实物证据的真实性就可以了，为什么还需要知道线人是谁呢？根本不需要。

2012年9月21日，《每日经济新闻》曝光备受诟病的新铁路客票系统（即12306订票网站）造价高达3.29亿元，引发舆论大哗。有媒体援引一名业内人士的说法称，一般客票系统的建设费用合计不超过3000万元。面对舆论质疑，铁道部信息中心回应称招标完全“依法合规”。

2012年9月24日，我通过微博发布《周筱赟八问铁道部》提出质疑，并向铁道部申请公开12306订票网站招标过程的详细信息。2012年“十一”假期，有神秘线人向我提供了两份相关合同原件图片，一份合同金额1.46亿元，另一份5400多万元，合计超过2亿元。即12306网站投入并非此前媒体报道的3.29亿元，而是至少5.29亿元。

这位神秘线人为了既隐藏身份又能联系到我，尝试了多种途径。他给我发了电子邮件，又给我天涯社区账号发了站内信息，还通过搜狐博客发了信息给我。但我给他回复邮件他不答复，天涯和搜狐账号都是临时注册，给我发送信息后就再也没有登录过。

这两份合同，都是铁道部信息技术中心和太极计算机股份公司（下称太极股份）签订的。金额 1.46 亿元的合同，用于购买“互联网售票部分设备”，金额 5400 多万元的合同，用于购买“服务器及存储设备、软件产品等”。我首先想到的是，太极股份是一家上市公司，根据《证券法》，上市公司必须定期向公众披露财务审计报告和重大事项。和铁道部签订超过 2 亿元的大单，显然是必须公布的重大事项。于是，我去查阅太极股份的信息披露，果然在 2012 年 4 月 26 日公布的 2011 年度报告中发现了信息。

该报告称：“政府及公共事业仍然是公司最重要的行业市场，全年承担了……铁道部项目……等重要系统建设和维护任务。”“作为公司战略性客户，国家电网、铁道部等在 2011 年信息化工程建设中均委托公司进行了较大规模的配套设备采购。”这和上述采购合同包括硬件和软件相符。在报告所附财务报表中，有“前五名客户的营业收入情况”，列第一位的就是“铁道部信息技术中心”，营业收入 125,049,188.11（即 1.25 亿元），占当年全部营业收入的比例的 5.47%。

其次，我发现两份合同的左上角，有标注了“招标编号”。根据《招标投标法》规定，公用事业必须公开招标。既然是公开招标，网上就会有相关信息。现在有很多招投标的网站，专门发布招投标信息。我在中国建设招标网、

热点 A13

律师申请铁道部公开12306招标信息

信息公开申请包括投标企业资质、网站交付验收标准等，尚未收到铁道部回应

“公开便于公众监督资金使用”

大二女生向铁道部发申请信

北京新闻·综合 A31

儿慈会被指48亿去向不明

交10万元见领导人 老板被骗

小数点写错致歉 表示无洗钱行为

“审计失误情有可原”

中国采标网等多家网站查询到了该编号的招标公告，与合同标注的招标内容完全一致。既然有招标公告，同样会有中标公告，多家网站的中标公告显示，这两个招标编号都是太极股份中标。

既然招标编号、招标内容、中标单位都对上了，合同又有签名、公章，这份合同当然应该是真的。唯一的疑问是，两份合同金额共计 2 亿元，为什么和太极股份 2011 年报中的营业收入 1.25 亿元对不上？其实原因很简单，因为合同价款不可能一次性支付。

经过我的核实，我基本确认这两份合同的真实性，并于 2012 年 10 月 8 日通过网络爆料，铁道部始终一声不吭。由于铁道部拒绝向我公开 12306 网站投入信息，2012 年 12 月，我将铁道部告上了法庭，在北京市第一中级法院立案。但还没开庭，2013 年 3 月全国两会上，铁道部就被撤销了。



我基本确认了合同的真实性，我就根本不需要知道神秘线人是谁。他有可能是铁道部的工作人员，也可能是太极股份的员工，甚至可能是太极股份的竞争对手。但动机并不重要，重要的是真相，以及真相背后涉及的公共利益。有人会认为我是被线人利用达到其个人目的，但为什么就不能是我利用线人来维护公共利益呢？铁道部 12306 订票网站的投入是公共资金，关系到每个人的切身利益。

## 结论

如何保护线人，是一个技术问题。但其实，在中国做媒体人根本不是技术问题，而只是良心问题。面对丑恶，不一定需要你嫉恶如仇、挺身而出，但绝不能助纣为虐、主动作恶，尤其不能创造性的主动作恶。现在就需要更多人以合法、理性方式来行使自己权利，监督公权力不被滥用。

知名调查记者王克勤曾经发过一条微博声援我，他说："行动改变中国：与其终日愤怒谩骂，不若点点滴滴行动推进。像周筱赟、雷闯一样做一些具体、理性、有力的监督行动。有人说，如此能起作用吗？我告诉你：努力了不一定会改变，但不努力永远不会改变。"

我期待每个人以微小的力量，推动社会些许进步。即使无法解决现实问题，也留下了更多的真相。不忘初心，功不唐捐，只要尽力而为，问心无愧就好。你怎样，中国就怎样：你懦弱，中国就懦弱；你勇敢，中国就勇敢；你正义，中国就正义。陈述事实、揭露真相就是正能量！

（作者系知名网络爆料人，该文系作者在上海同济大学法学院的讲演）

# 异彩纷呈的日本地方报

□高井洁司

高井洁司



正值第二次世界大战结束 70 年之际，日本报业也处在重大的历史转折点。这不仅是因为全球性互联网络的迅猛发展导致年轻人远离纸媒，另外很重要的一点是，在自民党借民主党执政失败夺回多数议席展示其强势政治的背景下，报纸权力监督功能急剧弱化，读者对报纸的信赖下滑。这种倾向较为明显地反映在全国性报纸上。相较而言，紧贴读者的地方报在沉闷的氛围中却呈现出一派异彩纷呈的景象。

## 与全国性大报迥然有别的地方报

所谓日本全国性大报，通常指读卖、朝日、每日、日经和产经[①]5报，及较为有名的几份跨地域报。其实，日本的地方报也不可小觑。比如2014 年每日发行的全国性报纸的总量是 2403 万，而地方报是 1766 万。

日本有 47 个都道府县，各都道府县一般有 1 种或 2 种县级报纸，称为“县报”。日本的县相当于中国的省。另外也有覆盖领域超过普通县的报纸，如在地域辽阔的北海道地区有《北海道新闻》，东北的宫城等 4 县则有《河北新报》，中部的爱知等 4 县有《中日新闻》，中国地区的广岛等3 县有《中国新闻》，九州的福冈等 6 县则有《西日本新闻》。

各家全国性报纸的发行量要比地方报多，而且集中在东京圈（包括东京都、崎玉县、千叶县、神奈川县)、大阪圈(京都府、大阪府、兵库县、奈良县、和歌山县)。不过，到了各县或地区，情况就不同了，通常地方报所占比例要高得多。47 个都道府县中，全国 5 报所占比例高出 50% 的只有 12 个县。而在冲绳县、高知县、鹿儿岛县的比例则分别占 1.3%、8.3 % 和 8.9 %。全国 5 报占 20% 以下的县有 16 个，30% 以下的县则有 29 个。所以，在东京圈和大阪圈外，地方报是当地最大报，对舆论形成拥有巨大影响力。

近年来，报纸已跌破一户一报的订阅率，所以，全国性报纸与地方报成了有你无我的竞争对手。地方报在国际新闻和有关日本国内新闻方面通常使用通讯社的稿件，而有关当地的新闻报道做得详细而精心。全国性报纸虽然也有两个版左右的地方版报道当地情况，不过，全国性报纸报道地方新闻的大多是从业不过 5 年的年轻记者，他们在地方锻炼满 5 年后就会回到东京或大阪的本社，所以，全国性报纸的报道很难做到紧贴当地生活。

虽说近年全国性报纸和地方报的纸发行量都有所下滑，但下滑幅度不一。以 2011 年 4 月的发行量为准来看，2014 年的发行量全国性报纸

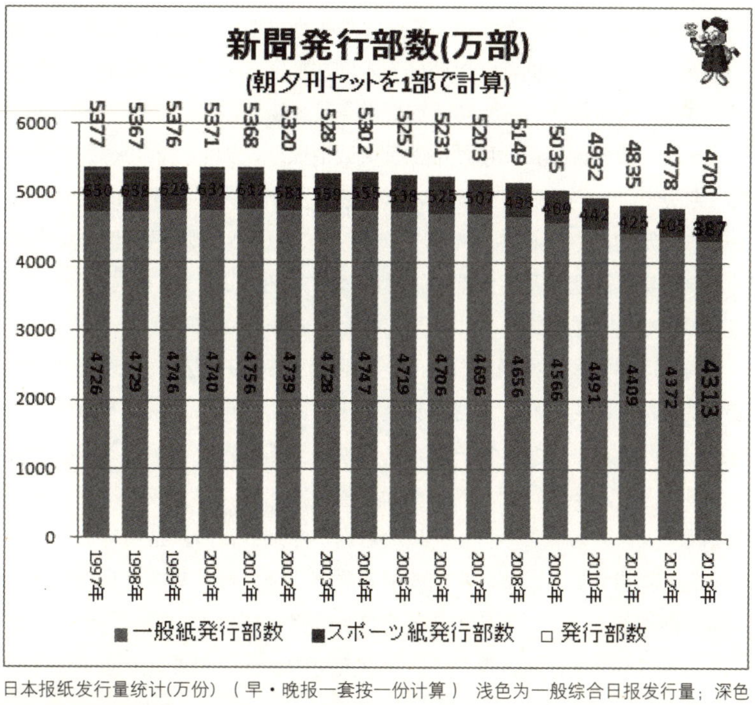


日本报纸发行量统计(万份)（早・晚报一套按一份计算） 浅色为一般综合日报发行量；深色为体育文娱报发行量

是其95.6%，地方报为96.6%。全国性报纸的降幅略大。再以2007年为准来看，2014年的全国性报纸发行量是其87%，地方报则为90%。降幅之差显而易见了。考量到人口因素，即人口越来越集中在东京圈和大阪圈，而地方人口日益减少，那么，地方报能维持上述数字意味深长。我们有必要再一次将目光投向地方报，或许可以为思考新闻事业的未来找到重要的参考线索。

日本新闻协会出版的《新闻研究》2015年第2期针对报纸信赖危机组织了一期特辑，刊载了全国性报纸、地方报以及媒体学者的文章。从这组特辑可以明显看出地方报和全国性报纸编辑视角的不同，值得思考。



## 紧贴当地居民生活的地方报

日本都道府县的政府称为地方自治体，地方自治体的首长——知事是由居民选举产生的。自民党在去年12月的众议院议员选举大获全胜后，展示出在国政中的绝对优势。但是，在地方，其所公认推举的候选人却在前不久的滋贺县、冲绳县、佐贺县的知事选举中连连败北。围绕这一系列的地方选举，可以明显看到地方报与对紧贴中央政府的全国性报纸的论调不同。它站在当地居民立场上，在诸多事关地方前途与未来的议题上，对中央政府的政策展开批判，以居民为本，在加深读者信赖方面做出很多积极的努力，这对报纸开拓生存之路提供了很重要的参考。

目前，如果说到日本所面临的重大政治课题，人们很容易想到安全保障、宪法修订和经济恢复等问题，其实还有更牵动人们注意力的议题，如核电站重新启动、东日本大地震的灾后复兴、TPP（跨太平洋伙伴关系协议）、冲绳美军基地以及促使地方搞活的“地方创生问题”等。在这些问题上，中央和地方之间是有距离的，甚至存在利益上的对立和冲突。

围绕这些问题，报纸从自身所处的环境出发展开报道，呈现出全国性报纸更倾向于中央政府，地方报更立足于居民的特色。本来具有自由开放色彩的《朝日新闻》和《每日新闻》虽说是全国性报纸，但还是积极靠近民众展开报道。但是，因《朝日新闻》的误报问题，其对政府批判的论调有所收敛。伴随着媒体多样化，网络右翼不断加强，两家自由开放的全国性报纸的影响力却在减弱。在这样的背景下，地方报不与中央政府同调的立场就更加惹人注目。例如，在地方首长选举上就出现与国政选举不同的结果，地方报给予善意报道并予以积极支持的非自民党候选人连连获胜。

## 中央与地方的对立

核电站重启问题为什么会带来中央和地方的对立呢？日本的核电站都建在远离大都市的地方。东日本大地震引发的核电爆炸事故的福岛核电站，地点就在东北地区的福岛县。

福岛核事故后不久，日本举国脱核电的舆论高涨。当时的民主党政权发表了脱核电宣言。而自民党上台后，福岛核电的放射线泄露虽然还没有得到完全控制，但时过境迁，核电站重启却被提上了日程。远离核电站所在地的中央政府大肆宣传核电低成本及没有核电就没有经济增长的论调，为核电站重启着手做准备。

在本社设在东京或大阪都市圈的全国性报纸中，《读卖新闻》、《产经新闻》和《日本经济新闻》明显倾向于政府，优先考虑经济。而《朝日新闻》和《每日新闻》则和中央政府保持距离，力争中立。他们对政府和电力公司掩盖的信息进行调查，积极做独家报道，对政府的决策和做法展开批判，可是由于出了误报问题，导致了失信于读者的失败。

核电站所在地面临的是一旦发生事故就会遭受直接危害的重大问题。所以，当地的报纸不可能单纯考虑经济效益而支持政府的论调。不过，他们也无法就这个问题展开独家报道竞争，或仅从价值观出发展开观念性的批判。因为地方正是从经济效益出发，为了地方经济的振兴引进核电建设项目、或配套接受国家经济援助与核电项目的。因此如果一味反对的话，可能会使地方经济越来越衰退。也就是说，核电站所在地也绝非反对意见一种声音。

## 面对核电重启的地方报视点

福岛核事故后，可能最先重启的是鹿儿岛县的川内核电站。当地的《南日本新闻》负责核电采访的记者雪松博明在《新闻研究》（2015 年第 2 期）上撰文，介绍了报社是从何种角度对此进行报道并在将来如何继续追踪报道。

雪松记者介绍道：福岛核事故后，《南日本新闻》做了县民舆论调查，结果显示，对本地的川内核电的重启，“有大约 6 成反对，4 成赞成”。对这种赞成和反对分歧巨大的问题如何报道摆到了记者的面前。“避免非此即彼的简单判断”，“安全神话的破灭”，“事故还可能发生”，“我们在报道中坚持彻底贯穿这样的立场”，雪松记者写到。

具体而言，就是从更广阔的视角来报道，不仅是“川内核电是否安全”的问题，还包括其他的问题，如“即使不重启，用完废弃的核燃料就没有危险吗？”“如何应对火山专家指出的在规模和时间都不可预测的巨大火山喷发？”“为了不让居民受辐射，避难计划是否完善？”“政府、地方自治体和九州电力为达成共识打算怎样做县民的工作？”等等。



这些报道，在采访阵容和版面配置上都比全国性报纸更充实。雪松记者写道：“采访阵容主要有本社的报道部（采访部主任和3名记者）、萨摩川内总局、东京支社、福冈支社、距核电30公里区域内的5个支局。”每天的第1版、第3版和社会版，在印有“思考川内核电”图标下刊登有关政府、地方自治体、九州电力、反对团体、周边居民的信息。在重启审查进入决定阶段的关键时期，又增派记者，不仅发新闻，还有解说评论及与新闻相关的侧面报道和连载策划等各种形式的报道。

通过这样的报道，让人们对中央政府的核电重启方针有了更清楚的了解。事实上，中央把问题都抛给地方，而地方政府在避难对策等问题上，不仅对策和计划本身不完备，而且也缺乏制定对策的配置和人才。比起对核电重启是赞成还是反对，报纸首先该把“没有负责核电的专门职员”“没有可以判断核电重启当否的根据”等现实问题告诉给当地居民。鹿儿岛县是自民党的保守王国，在众议院选举中，自民党在5个选区中

沖縄タイムス
オスプレイ拒否 10万人「差別」に抗議
県民大会 最大規模
基地負担軽減の出発点に
「事故あれば全基地閉鎖」

《冲绳时报》2012年9月10日对反对鱼鹰式直升机配备的县民大会的报道。通栏标题：拒绝鱼鹰式直升机，10万人抗议歧视

的 4 个获得胜利。政府和电力公司预计在今年 8 月实现核电重启，为此在一步一步履行必须的程序。在这种情况下，当地报纸的重要责任就是为居民着想，对所存在的问题进行详尽而负责任的报道。《南日本新闻》的发行量有 33.4 万，占县内报纸市场的 81.34%。这足以证明当地居民对该报的强烈信任和支持。

## 与中央尖锐对立的冲绳

中央与地方、全国性报纸与地方报之间隔阂最深的问题发生在冲绳。日本政府正在着手将位于市中心并给居民生活带来居大危险的美军普天间基地迁至县内的边野古。但是，此计划遭到冲绳县民的强烈反对。大量的美军基地聚集在狭小的冲绳县给县民带来沉重负担，因此在去年 12 月的知事选举中，候选人翁长雄志以明确反对政府的县内迁移计划击败了时任知事的仲井真当选。由此以知事为核心反对政府迁移计划的运动愈发高涨。其结果，冲绳与中央政府的对立加剧。

促使反对政府基地迁移计划的知事当选的原动力之一应该说是当地两大报纸——《冲绳时报》和《琉球新报》的作用。冲绳聚集了 75% 的在日美军。军用机噪音、坠落事件以及美军施暴、强奸事件给当地居民带来极大痛苦，而且现行制度使这些事件的搜查与审判在大多情况下日方都无法参与。冲绳县民一直都在呼吁减轻美军基地带来的过重的负担。可是，结果事与愿违。美军在日本其他地方出了问题，在引发强烈抗议活动后，为消解矛盾反倒陆续迁到冲绳。

冲绳的两张报纸不仅直接反映冲绳人的愤怒，而且对中央政府和全国性报纸的做法和主张进行了直接批判。全国性报纸在冲绳所占比例不足 1.5%，《日经新闻》与当地报社协作使报纸能在当地印刷，发行也不到 1000 份。其他全国性报纸都是空运而来，也只不过是在图书馆等设施内上架，总共也不到 1000 份。

从全国性报纸在冲绳配置的采访力量状况就可以看出差异。冲绳以外地方，无论多么小的县，所派记者都超过 10 人，而且会开设几页地方版来刊载当地新闻、信息和各种话题。而有关冲绳，既没有地方版，配置记者也不过 1 到 2 人。冲绳日常发生的事基本得不到反映，只有反基地斗争激化发生暴力冲突，或少女遭美军强暴等特殊事件发生时会见报。而对冲绳基地负担过重问题进行深入采访的报道也是不多见的。冲绳的电视媒体状况也相对特殊。NHK 在冲绳并非主流。NHK 是靠征收拥有电视机的居民的收视费来运营的，全国平均付费率超过70%，而冲绳只有40%多。

冲绳报道情况比较特殊。朝日新闻社创办的媒体研究杂志《Journalism》2013年第2期曾组织过一组特辑——“再问冲绳报道”。刊载了《冲绳时报》的长元论说委员长的文章和由冲绳当地媒体从业者、本土媒体人及学者共同座谈的介绍——《疏通本土②报和当地报的隔阂——“冲绳报道”所欠缺的视角》。

在座谈中，《琉球新报》的政治部长松元刚介绍了一件发生在2005年的事情。时任自民党政权的冲绳担当大臣小池百合子访问冲绳时，称冲绳的大众媒体“很像阿拉伯”，“进行精神控制”。因为当地媒体态度鲜明地报道了当地居民对美军基地县内迁移和鱼鹰式直升机配备的强烈的反对意见。在平素听不到冲绳居民的声音、看不到当地媒体报道的人来看，冲绳的报纸仿佛左翼机关报。比如，反对鱼鹰式直升机配备的县民大会的报道，两张地方报都一改日常版式，利用第一版和最后版刊载了横跨两版的县民大会的照片。这种版面制作在“本土”报纸来看是不大可能的，也不会如此报道这种集会，即使报道也不过是在社会版上登个豆腐块消息。所以，看到这样的版面，别说是政治家，就是对不了解基地问题给当地带来的影响的本地普通读者，也容易批判冲绳的媒体报道走得过火。但是，琉球大学的比屋根照夫教授说：“1972年冲绳归还本土前还有更多种类的报纸。但是因为紧贴美国或紧贴政府和冲绳民意格格不入，这种没有舆论支持的报纸结果就不复存在了。所以，并不是报社把县民往何处引导，报社只是站在民意的立场上。”



我们看到的结果是，冲绳当地政府的意向和通过地方报反映出的当地居民的声音都无法在中央政府政策中反映出来。近年，冲绳开始摸索与美国直接对话。冲绳县政府在华盛顿开设了办事处，冲绳的两大报社也派出了常驻特派记者。

### 地方报在新闻现场做多角度报道

笔者所在的樱美林大学媒体专业开设了一门“读析地方报”课程，每年邀请六家地方报社的记者来上课。每次我去旁听，都深感地方报的记者即使是在讲政治、外交和经济问题时也一定是带着来自采访一线的问题意识，又从来自一线的认识出发去做多视角的报道。对报道而言这即是根本，也理所当然。但是不少报道容易阔论“天下”和“国家”，不管是支持政府，还是批判政府，都很脱离实际。

以 TPP 问题为例。全国性报纸的记者因为多在东京采访，传达的是政治家、官僚和大企业的声音。即使在地方配置很多记者，他们所写的稿子大多也就登在地方版上。TPP 的另一方当事者是农民和中小企业，他们的声音却很难反应到本社。然而，像《北海道新闻》的记者，既会作为特派记者去采访在海外举行的 TPP 谈判，也有可能到北海道农村采访传达当地农民的声音。即使他去不了农村做采访，在农村也有报社常驻记者。之所以能这样是因为《北海道新闻》是当地的报纸，所以要表达当地农民的声音。全国性报纸的东京本社和地方支局是上下级关系，但是，《北海道新闻》的东京之社和札幌本社之间不存在严格的上下级关系，能在采访和报道上平等地沟通和合作。



有关地方报的研究著作较少，不过《日本的现场——用地方报解读2012》(旬报社)一书，就 28 家报纸的有关震灾、核电、人口减少等问题所做的 42 个连载报道，对背景和问题意识做了解析。

有关核电问题，这本书转载了《河北新闻》《福岛民报》《茨城新闻》《静冈新闻》和《佐贺新闻》的报道。早稻田大学的花田达朗教授进行了解读。他指出：“3·11 后福岛县所发生的、那里的居民即读者以及经济、产业所面临的现实，对选择了引进核电站的当地的报纸来说，当然不会视之为‘他人之事’，而是‘自己之事’吧。他们的报道‘对这种荒谬的现实描绘得越具体，就越能清晰地反映出作为本应控制事态的责任者的“中央”的无能和无策’。”

花田教授又对地方报和全国性报纸进行比较，“地方报的记者称得上是紧贴社会生活中当事人的‘典型的’记者。从这点来看，倒是日本的‘全国性报纸’‘中央报’令人疑惑。他们采访的立足点究竟在哪里呢？是公权力实施的过程？还是人们的现实生活？”花田教授的结论是，全国性报纸的记者们太远离人们的生活，而在公权力行使的过程中也没有充分发挥监督职能。

《朝日新闻》和《每日新闻》还是力争积极监督政府、政治家以及官僚的。正像本文介绍的朝日新闻社的研究杂志《Journalism》还就冲绳报道的问题组织特辑，包括反省自身所存在的问题，这是很少见的。其实，《朝日新闻》自身正是因为没能坚实地深入事件发生的“现场”，才做出头重脚轻、观念先行的报道。

报道的根本点还是要回到离事实最近的“现场”，贴近当事者进行采访。

只要社会生活还需要新闻，报纸就有生存空间，那么如何挽回读者的信任，地方报提供了宝贵的启示。

（作者系日本北海道大学名誉教授、樱美林大学教授；翻译：西茹）

注释：

①《产经新闻》在北海道和九州等地都没有发行，严格来说称不上全国性报纸。

② 本土一词是冲绳独特的用法。通常使用的说法是“本州”，不过，冲绳县民用“本土”的说法来区分冲绳当地和本州。这里有有意强调“区别”的意味。

传媒观察

## 传媒观察

# 走出三误区 “融”出新思路
## ——浅论新闻集团打造中央编辑部的思路

□袁佩如 刘江涛

袁佩如



“中央编辑部”的概念最早出现在英国《每日电讯报》编辑部，其大蜘蛛网式的布局图，或许是这一两年间，在谈及媒体融合时，最常被引用的一张图片。

国内媒体跟进中央编辑部的步伐其实并不算快。去年年底，在《广州日报》创办62周年之际，广州日报报业集团中央编辑部正式运作。今年3月，《人民日报》设立“中央厨房统筹组”进行两会报道。而《南方日报》其实早在2012年第九次改版时便提出了打造“全媒体编辑部”。

在中央编辑部的统筹下，纸媒新媒齐发力，内容渠道皆为王，成为国内传统媒体谋求转型、实现融合的新思路，被寄予厚望。

### 采编机制的“自我革命”

中央编辑部究竟如何运作?《广州日报》提出的是把新闻生产带入“滚动采集、滚动发布；统一指挥、统一把关；多元呈现、多媒传播”的融合发展新时代；《人民日报》则提出“中央厨房”要当好程序员、服务员、推销员和联络员四重角色。

可见，无论是“中央编辑部”“中央厨房”抑或“全媒体编辑部”，其核心理念都是类似的——“一个产品、多个出口”。

报业集团将内部子媒编辑部进行整合，实行合并办公，共用一个全媒体数据库。记者采访一个新闻题材时，同时形成文字、图片、音频和视频等素材，上传至中央编辑部的全媒体数据库。中央编辑部内部的各类型媒体根据需求对这些素材进行加工，重新“排列组合”，生产出多种形态的终端新闻产品。最后，按照媒介传播速度、产品内容深度等，决定新闻产品的发布顺序。这种模式被称为“一个产品，多个出口”或“一次采集，多渠道发布”。



从理论上看，中央编辑部实际是对原有采编机制的重构和再造，从而实现新闻信息的多级开发，提高传播效益，节约传播成本。正如人民日报社总编辑李宝善所说，“中央厨房”是报社采、编、发的“自我革命”。

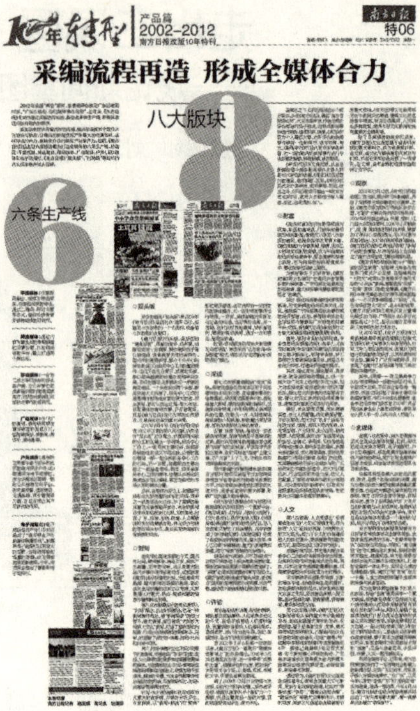


## 中央编辑部的发展要走出三大误区

发展中央编辑部已经成为国内媒体转型融合的共识，并且效果初步呈现，但推进的过程需要审慎，把握几个原则，走出几个误区。

中央编辑部并非规模越大越好。中央编辑部强化共享机制，强调共享而不是独占，但这种共享并不是越开放越好，中央编辑部也不是越大型越好。新闻集团内部有众多子媒体，相互错位发展，避免了同质竞争。这种集团内部良性竞争的重要保障就是新闻资源的局部封闭性，即每个子媒体都掌握着独家的资源，是不与其他子媒共享的。

因此，纸媒实现全媒体转型，一定是“一报一网”，而不是全集团所有报纸共用一个网站；同理，一个报纸就要有一个中央编辑部，也不是全集团所有报纸共用一个规模巨大的中央编辑部，从而避免新闻集团内部的竞争力因共享而被消解。

中央编辑部并非仅仅合并办公。把各个端口的编辑安排在同一屋檐下办公，绝不是为了热闹，而是为了形成同一的合力，共同在全媒体时代擦亮传统媒体的招牌。因此，只有融入了技术和产品才是真正的媒体融合。

技术方面，在绝大多数媒体中，对于平台工具的运用依然不娴熟、不到位。已经在很多商业企业或者 IT 企业中广泛设置的 BI team——数据分析团队，并没有被植入到中央编辑部的运作当中。

用户方面，地方纸媒以本地用户为“根”，那么本地用户到底对什么内容感兴趣？他们是一些什么人？如果需要分类的话，到底是用什么维度来区分？新闻产品的核心用户、高级用户、初级用户、边缘用户，各自的群体规模大体有多少，需求又有什么不同？如果不深究，反馈到中央编辑部的内容选取时，就会引发选稿理念的冲突。

此外，形成统一的采编思想、统一的操作规范和统一的考评体系，对于中央编辑部取得媒体转型实质成效有基础和保证作用。

中央编辑部并非“杀鸡取卵”。在媒体融合的过程中，有一种误区，就是在中央编辑部中将资源大量投入发展新媒体，而忽略传统媒体。同理，中央编辑部的运作，不能不追求技术的革新，但也不能忽略传统媒体的内容和质量。所谓“媒体融合”指的是“新中有旧”“旧中有新”，而非“喜新厌旧”“取新舍旧”。因此，在媒体融合的过程中，纸媒与新媒应共同进退，形成共赢而非竞争的态势。尤其像《南方日报》、《南方都市报》此类盈利能力强的纸媒，虽然受到新媒体时代的冲击，但仍有强大的生命力，不可能革命式地放弃纸媒投身新媒，而应该纸媒新媒融合地发展，通过中央编辑部形成报纸、网站、移动客户端浑然一体、相互促进的格局。

由此，“套餐”式、一揽子的广告服务是媒体融合后可能的盈利模式。中央编辑部实现资源共享后，不同的端口根据其特性形成不同形态的新闻产品并进行有序投放，便可使客户广告实现全媒体覆盖、系统化投放，这对于留住传统客户、开拓新客户均有裨益。

（作者袁佩如系南方日报要闻编辑部编辑，刘江涛系南方日报要闻编辑部副主任）

# 如何用数据指导纸媒新闻生产?

□朱建华

朱建华



走融合发展之路，旨在提高当前媒体的影响力、传播力和竞争力。电视有收视率，网站有点击率，用什么来评价纸媒的传播力呢？移动互联时代，纸媒在有限订户中的打开率面临严峻挑战，如果还用传统的发行量来衡量评价一份刊物的传播力，肯定是不合时宜的。用数据指导新闻生产，用数据评价传播效果，传统纸媒融合发展过程中应予以正视。

## 一、相似内容，为何前后阅读指数迥然不同？

2015 年 1 月 6 日，是中国传统二十四节气中的小寒。当日上午 8 时刚过，《人民日报》官方微信就推送了相关图文信息。出于好奇，我逐一点击查看了这四条图文信息的阅读量。

凭直觉，我认为点击阅读量最高的应该是第二条——《快看看，你的工资为何“少了一半”？》理由是，这与大多数人的利益密切相关，标题也很吸引眼球，点击阅读量应该最高。

实际情况并非如此，这让我多少有些意外。当天，点击阅读最高的是排在第三条的《用工行卡的朋友，紧急通告提醒大家》。这种高点击一直持续始终，阅读数率先突破 10 万人次大关。

为什么既不是头条《今日小寒》点击阅读最高，也不是看似服务性很强的《快看看，你的工资为何“少了一半”？》，而是排在第三条的《用工行卡的朋友，紧急通告提醒大家》点击阅读最高?

有点想不明白。当天，我就在微信朋友圈上做了一次简单的测试:“大家猜猜人民日报微信今天推送的文章哪条点击最高? 不许看数据，凭直觉。”同时，还配上了《人民日报》微信图文信息截图。

半个小时内，十多人留言竞猜，但没有一个人猜对。大家普遍认为，点击阅读最高的应该是第二条《快看看，你的工资为何“少了一半”？》，或者是头条《今日小寒》。

猜这两条的理由很简单。前者我与的想法基本一致，无外乎与大多数人的利益密切相关；后者则因为当日恰巧是小寒，又发在头条位置，应该会受关注。

数据不会骗人。最被看好的《快看看,你的工资为何“少了一半”？》实际的点击阅读数，甚至不敌第四条《每天叫醒你的不只有梦想，还有这些人生公式》。

按照媒体的规则，通常头条位置上推送的内容，被认为是最应该向用户推荐的内容。微信公众号在这方面也不例外。

如果《人民日报》的微信编辑能事先准确预判《用工行卡的朋友，紧急通告提醒大家》最受亲睐，那是不是就不会把其放在第三条的位置上进行推送了?

事后琢磨这事：为什么《用工行卡的朋友，紧急通告提醒大家》更受用户青睐? 这背后究竟是一种偶然还是必然呢? 有没有有迹可循的规则?

2014年1月20日，是农历二十四节气中的大寒。当日上午看了《人民日报》官方微信推送的图文信息后，想起小寒当日的情况。

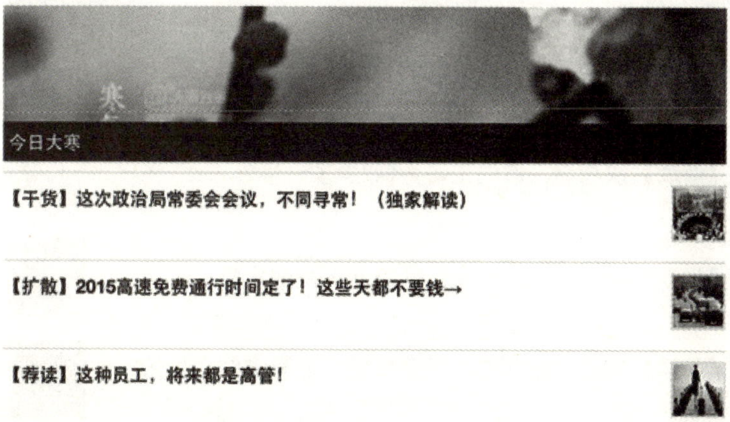

《今日大寒》、《这次政治局常委会会议，不同寻常！（独家解读）》、《2015 高速免费通行时间定了！这些天都不要要钱→》、《这种员工，将来都是高管！》，我问自己：“哪条点击阅读会最高？”

依据上次情况，这次我以为第三条《2015 高速免费通行时间定了！这些天都不要要钱→》的点击会最高。数据显示，这次我又猜错了。

四条图文信息中，这条恰恰是最低的，当日的阅读只有 5.8 万人次；而最受欢迎的当天的头条《今日大寒》，点击阅读超过 10 万人次大关。

小寒与大寒，预测的传播效果与实际数据之间并不完全一致。《人民日报》官方微信推送的信息很相似，但为什么两次都让人难以琢磨呢？猜测与最终的数据结果之间的迥异，想想也真是让人醉了。



## 二、跟进热门事件，为什么微信阅读率不高？

令人困惑的还不止上述《人民日报》官方微信推送的图文信息。跟进热门事件，为什么官方微信上的点击阅读率却不高？这事也一直萦绕在我的心头。

纸媒判断新闻价值，通常有不少主观因素在起作用。这种判断到底准，

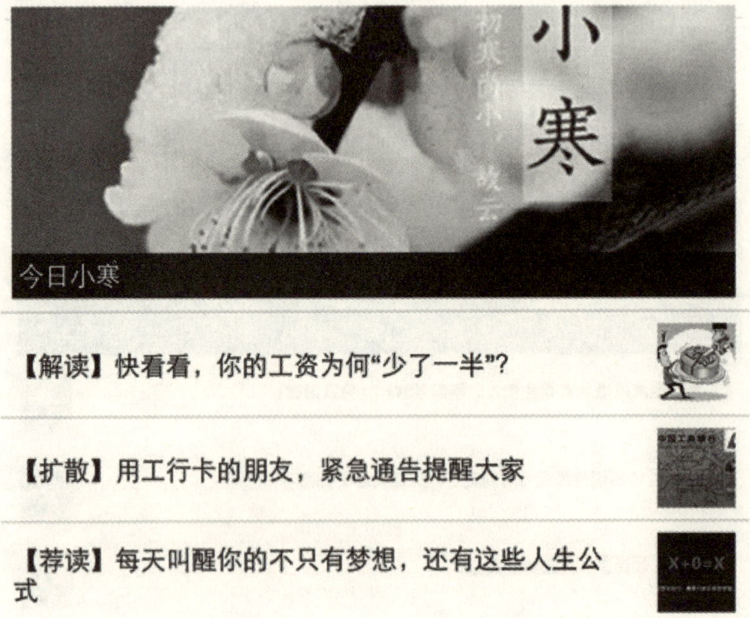

还是不准，很多时候缺乏一个可以量化的评价标准。

微信公众号毫无疑问属于媒介的一种。对于媒体人而言，其好处之一在于可以轻松地知道推送的文章是否受用户欢迎。这是传统纸媒目前还很难做到的。

2014 年 6 月 17 日， 中央电视台新闻频道“新闻直播间”播发《高考考场上的神秘“考生”》的调查报道披露：有人组织武汉在校大学生冒充当“枪手”，前往河南杞县等高考考点参加替考。



高考替考事件被曝光后，舆论哗然，举国震惊。当日，仅新浪网上就有 3.4 万多名网友跟帖评论，其新闻热度由此可见一斑。手机上，该信息当天基本上处于“刷屏式”的传播。

因事涉武汉高校，60 多年来一直根植于武汉的《长江日报》，当然有理由跟进这件事。央视披露此事后，编辑部也立即着手组织策划，并全力进行采访。

次日，《长江日报》在第 10 版的《时事新闻》版面上推出了约半个版的报道——《央视曝光在汉大学生赴河南替考 当地查实 127 人 武汉警方介入调查替考事件》。

10 长江日报 时事新闻

央视曝光在汉大学生赴河南替考 当地查实 127 人

武汉警方介入调查替考事件

教育部：查实后将开除替考学生学籍

华中科大：全力配合调查处理零容忍

河南省招办：已查实高考替考考生 127 人

2014 年山东济南替考案

2014 年陕西韩城替考案

高考替考示意图

内容既有自采的，也有新华社的；既有最新回应，也有对事件的梳理，还制作了替考的示意图；同时还对2014年发生在山东和陕西的替考案做了链接。版面内容应该说还是挺丰富的。

该如何评价这篇报道的传播效果呢？《长江日报》官方微信在稿件见报当日，推送了这篇文章。其阅读数据或可以作为传播效果的直观反映。

《长江日报》官方微信后台数据显示，这篇文章当日阅读率只有2.74%。这意味着100位用户中点击阅读这篇文章的还不到3位。这个数据并不高，甚至有点低。



为什么会这样？是因为见报的内容并无太多反映事件核心进展的信息？还是因为没突破央视已披露的情况？抑或是相关部门表态式的回应早就上网了？

数据值得警醒。如果事先能够预测到报道的阅读率仅有2.74%，那这稿子还做不做？还要不要拿出半个版的篇幅去呈现？以后遇到类似的案例，如何处理是好？

这是一个数据化和精细化的年代。但回过头来看，传统纸媒的新闻生产，多少还有点处于处于粗放的模式之下。这也是昔日广告商认为现在纸媒存在的主要缺陷之一：难以与用户建立精准联系。

之所以说还处于粗放模式，主要体现在：报道什么，缺乏以数据为支撑的判断；报道之后，对传播效果又难以进行有效的数据分析。长期以来，不少纸媒的新闻生产还停留在靠经验和认识预判上。

"传统媒体一篇稿件在读者中的反响如何，很大程度上只能凭推测或读者观众零星的来信来电"，"传统的选题无非是头脑风暴和权力主义带来的结果"，"我们想当然地认为，我们不关心，读者自然不关心"……对此问题，一些媒体同行也颇有感触。

## 三、传统纸媒，如何用好数据指导新闻生产？

评价电视节目，收视率是一个很重要的指标。网上发布的信息传播效果如何，可以看点击率。评价纸媒早年多看发行量。发行量是从总体上评价纸媒的重要指标，但并不能直观地反映单篇报道产生的影响，纸媒也几乎不可能针对订户读者发起大规模的阅读反馈调查。

单就传统纸媒的某篇报道而言，早些年读者来信可以直接表明产生的影响，读者来电也具有同样的效果；前些年，其他媒体的转载，以及后来门户网站以及微博上转发、评论等，都是影响的具体体现。

此外，还有各级领导的批示，以及对实际问题的推动，也都是影响的具体体现。

需要正视的问题是，移动互联时代，传统纸媒不仅面临发行量下降，同时还面临“打开率”和“传播率”下降的多重挑战。

“记得我在一个二线城市的社区里采访时，发现他们订了很多报刊，但他们根本就不看，到年底就直接送到垃圾站了。”《新京报》摄影记者陈杰在《用镜头记录历史》中的讲述，可谓是传统纸媒现状的另一个缩影。

从走访交流的情况看，包括《人民日报》运营微博、微信和客户端时，都比较重视研究数据，通过数据来了解哪些内容更受用户欢迎，从而调整内容的推送。

传统纸媒转型走融合发展，也应以数据为支撑，变新闻生产“粗放”为“精细”，这样才有利于真正提高媒体的影响力、传播力和竞争力。

尽管传统纸媒刊发的某一类或某一篇报道，很难获得固定订户读者中实际阅读数据，但通过纸媒所属的网站、客户端、微博和微信上，则可以获得相应的数据。以此指导新闻生产，在一定程度上可以让新闻生产变得“精细”。

纸媒除了传统的版面外，不少都建有网站、客户端、微博和微信等平台。这些平台上发布的内容，有相当一部分为纸媒刊发的内容。这些平台，无论是 PC 端还是移动端上的点击数、转发数、评论数等，都是用户最为直观的反应和评价。

这些数据可以用来作为传播效果量化评价的重要参考，更为重要的是还可以此为用户行为“画像”，知道其阅读喜好，数据越多，“画像”也会越准，从而有利于加强和改进某一类型的报道。这有点类似“今日头条”等通过算法可以为用户精准提供符合口味的阅读内容。

随着不少报业集团都在着手建立大数据中心以及可以对传播效果进行追踪的新型采编系统，可以想象：传播效果未来不仅可以有效量化，通过量化还能让新闻生产变得精细化。

另外，随着越来越多的纸媒借助网站、客户端、微博和微信第一时间发布和推送当日重要信息，信息的阅读点击情况以及互动中留言评论等，这些也都可以为纸媒后一步精细化的新闻生产提供方向和参考。

现实中值得关注的问题是：纸媒的网站、客户端、微博和微信基本上都是由新成立的新媒体部门负责运营和维护，这些平台上用户的反应和评价，还没有很好地进行归纳和分析，并同时提供给采编部门和人员作为新闻生产的指导和参考。

融合发展关键是人的融合。要实现传统纸媒新闻生产从“粗放”向“精准”的转变，这也要求采编人员、新媒体运营人员和技术人员能成为一个整体，实现信息互通、资源共享，而不是各搞各的。

（作者系长江日报科教部主编）

# 互联网时代深度报道的困境与求索

□官建洪

官建洪



据中国互联网信息中心（CNNIC）2015年2月3日发布第35次《中国互联网络发展状况统计报告》的数据显示，“截至2014年12月，我国网民规模达6.49亿，全年共计新增网民3117万人。互联网普及率为47.9%，较2013年底提升了2.1个百分点”。面对汹涌的互联网浪潮，新闻业是受到冲击最大的行业之一。门户网站、社交媒体的兴起，极大地改变着人们的信息获取方式，传统纸媒的广告利润也迅速被互联网瓜分。2011年，互联网广告收入首次超过全国报业广告收入之和。艾瑞近日发布的最新数据显示，2014年，在互联网进入中国的第20个年头，互联网广告市场已经超越电视广告和报纸广告市场之和，确立了其传媒业市场的主导地位。

互联网的强势发展，不断挤压着传统纸媒的生存空间。此外，新闻管制环境的变化，也对传统纸媒产生了巨大影响。在双重压力之下，纸媒面临着巨大的冲击，而深度报道作为报纸生存和竞争的重要报道领域，同样面临着巨大的考验和挑战。

## 深度报道行业的三大变化

传统纸媒时代，深度报道是衡量一家媒体质量的最重要指标之一，从

2003年起,《南方都市报》凭借深度报道，逐步树立了自身的品牌,《南方周末》凭借其高品质的调查报道和舆论监督，成为业界的标杆。可见，深度报道对于传统媒体而言，是其树立品牌价值的重要手段，但由于这种报道形式对记者的素质要求高、生产周期长、生产成本高，面对互联网的冲击时，其遭受的影响不容小觑。



**第一，传统纸媒的深度报道开始压缩成本、调整部门，深度记者队伍开始萎缩。**近些年来，业界频频传出报纸深度部门调整或撤销的消息，比如，2013年初，河南《大河报》特稿部被并入了社会新闻中心;《中国青年报》特别报道部也进行调整，根据《中国青年报》的改革方案，2015年1月1日起，特别报道部撤销，并入全媒体协调中心;2015年5月,《京华时报》深度部被撤销的消息被业内证实。在此阶段，深度报道的记者队伍也在萎缩，优秀人才转型或转行。究其原因，首先是由于相关政策调整，报刊深度调查范围和数量大大收缩，不再需要大量的专职调查记者，甚至不再需要专门的调查记者部门。

此外，互联网的冲击也是一个重要原因。互联网的快速成长，不断压缩传统纸媒盈利空间。为了生存和发展，传统纸媒不得不求新、求变，力求压缩成本，而投入较大的深度报道部门成为了改革的首选。

与此同时，媒体遇到重大事件时，新闻报道的方式也在发生改变。原先遇到重大突发事件，各大报社纷纷派出特

特别报道 4
“红色通缉令”头号嫌犯纽约开审
客船翻沉事件遇难者家属索赔法律途径
高考替考缘何屡禁不止

特别报道 4
北京市交管局原局长宋建国今日受审
“京A”串起的政商关系网
宋建国的悔罪书

派记者赶赴前线进行调查采访，而随着互联网和社交媒体的发展，报社开始考虑更经济快捷的方式——综合网上信息，或者联系当地的非专业记者，进行电话采访或其他方式的连线采访。如此一来，成本得到大大压缩，但新闻的质量和深度都难免随之下降。

**第二，商业网站开始强化深度报道。**互联网时代的到来，渐渐改变了人们的阅读习惯，将读者从报刊纸媒转移到网络平台中，商业门户网站赚取了大量利润的同时，也在不断加大对内容的投入。以新浪、腾讯为代表的商业门户网站，凭借网络平台实时、快速的先天优势和持续加大的投入，在深度报道方面，商业门户网站的影响力不断扩大。

网络媒体的深度报道有传统纸媒无可比拟的优势。传统媒体的深度报道在同一单元无法进行内容更新，一般是静态的内容呈现，对即时获得的最新材料和最新进展只能在下一个作品中进行增补和使用。与传统媒体的深度报道不同，网络媒体的深度报道不受发行机制的影响，能够实现信息的动态呈现，即时信息可以做到随时发布和上传，因而能够不断地对新闻事件进行追踪，不仅让受众通过最新的背景资料对事件获取最全面的了解，而且让受众看到一个事件的连续发展过程。此外，互联网平台具有超强的交互性，在某条新闻上网后，网络平台能够调动读者的各种感觉器官，与受众实现有效的互动，在吸引受众关注的同时，也能获取更多的新闻线索。

当然，目前门户网站仍旧没有新闻采访权，其深度报道的内容主要有

特别报道 4 CYOL.NET

迷雾重重的中学生奸杀案

服刑5年后提出"不是我干的"，律师称定罪只有口供而无有效物证

以下几个来源：一是从传统媒体中转载和改写；二是网上碎片化信息的综合呈现；三是网络数据的深度解读。商业门户网站虽然也在积极尝试做原创深度报道，但不得不处处谨小慎微。

**第三，移动新闻平台的深度报道兴起。**据易观智库发布的《中国移动互联网数据盘点与2015预测专题报告》数据显示，在2014年，中国移动互联网用户数量达到7.3亿人，与2013年相比增长11.8%，继续保持着超越PC端用户量的态势。移动互联网端已经成为互联网发展的又一增长点，网络媒体也瞄准这块蛋糕，持续发力。在移动端深度报道方面，有许多可圈可点之处。

2014年7月22日，澎湃新闻上线，作为上海报业集团调整后的新动作，澎湃力求打造深度移动阅读产品。澎湃新闻致力于做原创内容的生厂商，深度报道的篇幅控制在1500字以内，主打时政和思想。其一经问世，就引起了各方的广泛关注。在内容生产上，澎湃新闻整合《东方早报》的优质采编团队，源源不断地生产出高品质的原创新闻，在反腐和人物报道方面，成绩斐然。此外，近些年来，网易新闻客户端也在内容生产和运营上动作频频。

A06 封面报道

毕节留守儿童死亡

敲不开的门

村民不知四兄妹在楼内做什么，他们对外界一直充满戒备

毕节留守儿童死亡

四问留守儿童之困

1 悲剧发生我们该怪谁？

2 外出务工父母该怎么做？

3 怎样选择合适监护人？

4 如何填补法律空白？

## 深度报道行业的反思与隐忧

互联网的发展，使得深度报道领域发生了翻天覆地的变化，深度报道从业者更新换代的速度加快，互联网的发展压缩了纸媒广告的市场份额，纸媒收入

A14 核心报道

被侵占的移民统建房

重庆奉节部分三峡移民统建房被长期侵占：当地政府下决心解决顽疾，正本清源

下降，导致人才大量流失，纸媒深度部门被调整。而网络媒体在深度报道方面虽然有许多可圈可点之处，但受限于体制和观念，网媒深度报道未能形成规范。可以说，目前深度报道领域正处在纸媒渐退、网媒势如破竹但未成体系的“阵痛期”。在此期间，深度报道行业存在隐忧，也值得憧憬。

**1. 成本压缩导致真相减少，“真相值得高成本投入”的理念逐步消解。**

互联网逐渐成为广告收入的大赢家，传统媒体的广告市场份额持续削减，而目前来看，广告收入仍旧是传统媒体的主要收入来源。收入的下降，使得传统媒体对报道的投入减少。近些年的情况看，传统媒体在深度报道领域不断压缩成本，原先值得派出特派记者的突发事件，如今，往往采用连线采访、综合网上的方式生产新闻，“真相值得高成本投入”的理念在互联网时代逐步消解。而互联网深度报道更多的是门户网站在没有新闻采访权的情况下，主要依据转载和综合网上信息来进行深度报道，往往以“专题”和“链接”的形式存在，广度有余而深度不足。如此一来，虽然民众获取的碎片化的信息越来越多，但经过专业调查而呈现出的系统的真相却在不断减少，这对整个社会都是一种危机。

**2. 环境管制导致突破难度大，但互联网突破管控，呈现真相的能力得到验证。**

2004 年，中央某部门下发文件，要求媒体禁止跨地区监督，禁止异地监督。该文件使得作为新闻媒体舆论监督主要形式的调查报道几乎陷于停顿。诸如禁止异地监督等政策对传统媒体的深度报道形成了巨大的考验和挑战，发行量等市场利益的功利诉求又迫使很多媒体减少深度报道的生产成本，直接影响着从业者的心气与管理者的自信。

但同时，我们也要看到，互联网平台在深度报道的采写突破和传播方面展现出天然优势，为真相的挖掘和传播做出了巨大的贡献。2012 年 8 月 26 日，陕西延安境内发生重大车祸致 36 人死，2 人重伤。陕西省安监局局长杨达才视察事故现场微笑的照片引发网友对他进行了人肉搜索，网友从这位官员身上“搜”出了各种名表，被网友们称为“表哥”，最终纪检部门介入，“表哥”被“双规”并被起诉判刑。在网络舆论狂潮中，信息无孔不入，快速发酵和传播，真相也逐渐明朗起来。由此可见，互联网平台与广大网民协同生产，是互联网平台深度报道突破管控，进行舆论监督的有效渠道。



**3. 调查记者队伍萎缩，记者忠诚度减弱。**

据 2013 年的一项调查显示，调查记者的职业忠诚度整体比较低，约 46% 的调查记者表示 5 年之内不会再从事一线调查记者的工作。实际情况中，优秀调查记者转型甚至转行的案例不在少数，大量优秀的调查记者离开深度报道一线，导致调查记者队伍总体素质的降低。虽然每年都有不少的年轻记者投身到深度报道领域，但由于经验和阅历的不足，报道的水准难免趋于下降。人数的减少，直接导致调查报道的数量下降，而队伍的年轻化，则会使得调查报道的品质降低。

WEEKLY 重磅

土豪、屌丝的线上狂欢

他们在虚拟世界里获得权力与存在感

WEEKLY IN-DEPTH REPORT

深周刊

刑犯子女
命运困境

WEEKLY IN-DEPTH REPORT

深周刊

高原
治湖

## 总结

互联网时代，网民能够便捷地获取大量信息，但碎片化的信息是否能够让社会公众达至真相？目前而言，还难以定论。人们置身于信息的海洋中，往往缺少对信息的判断和甄选的能力，社会公众仍需要专业的深度记者生产专业的深度调查作品，给社会呈现更多的真相。可以说，在互联网时代，社会公众不缺少信息，但仍然缺少真相。

在笔者看来，在互联网的强烈冲击下，深度报道应该是传统媒体最核心的竞争力，日常的短消息最容易被网络碎片化信息所替代。传统纸媒在转型过程中，抛弃深度报道无异于自废武功。

可喜的是，不少都市报正在深度报道领域开始了新探索。3月31日，《南方都市报》又一次改版，在深度报道方面，取消原来固定每周三出版的“深度周刊”，恢复2009年改版中取消的日常“深度版”，力求实现时效和深度的结合；2014年3月17日，《东方早报》改版，新版加大加重了新闻分析和深度化报道。希望诸如此类的探索能够为深度报道领域带来新的生机和活力。

（作者系中山大学传播与设计学院研究生，指导老师：中山大学传播与设计学院院长张志安）

# 南都音视频部的动画新闻实践

□关键

关键

我最早接触到的动画新闻是2012年明恩传媒制作的《谁动了我们的CPI》，当时这种新颖的表现形式引起了不少媒体人的关注。此后，明恩传媒陆续制作了一系列的新闻动画短片。同年，北京LXU工作室制作了有关北京房价的动画短片《北京房事》，在微博上疯传，一些新闻媒体纷纷开始这种尝试。南方都市报音视频部也先后推出了《南都关键词》、《点解》两档信息可视化动画新闻专题栏目。

## 一

这种表现形式在国外被称作Motion Graphic（动态图像），它兼有平面设计的美感与动画的动感，轻快的音乐让短片更具韵律感，幽默诙谐的旁白也能让观众更直观地接受信息，而不是花大量的时间去读图。虽然Motion Graphic并不一定有旁白，但对于动画新闻类的Motion Graphic，旁白几乎是不可或缺的。为了在网络上有更好的传播，动画新闻一般还会采用比较幽默诙谐的语言。

虽然动画新闻这种形式有诸多优点，但在实际制作上存在一定的困难。首先是这类新闻视频的制作周期比较长。《南都关键词》是我们在这一领域的第一次尝试。当时除去配音人员，设置文案与动画制作人员各一人。

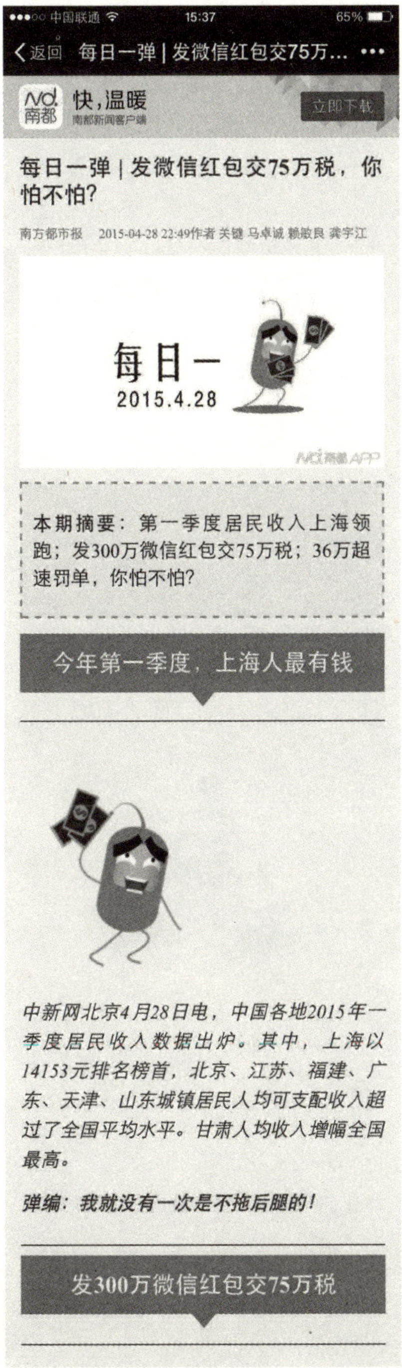


文案的撰写需要两到三天，而动画的制作包括绘图、做动画、剪辑、配乐配音效，由一人完成通常需要两周时间。即便最初选择的是热点新闻题材，经过两周后可能已经不再受人关注了。

解决制作周期长这一问题最直接的方法就是增加人力、优化流程。《点解》是南都音视频制作部制作的第二个信息可视化动画新闻栏目。除去监制与旁述，设编导 1 名、动画师 3 名、剪辑师 1 名。这样的配置可将制作周期缩短至一周。周一开报题会，全体人员参加讨论及确定选题。周二形成文案并将配音交予配音人员。周三开制作会议，确定整体美术风格与制作方案，并开始动画制作。到周六完成动画制作，周日剪辑师负责动画的合成加配乐与音效。这样的配置会增加人力成本，同时需要对整体流程进行监控，其中某一环节出现问题都会影响整个流程的顺利完成。《南都关键词》的长度一般是 3 到 5 分钟，而《点解》则控制在 3 分钟内。一是为了缩短制作周期，更好地与报纸的内容联动；二是为了更好地适应受众的碎片阅读时间。

动画新闻视频制作难度相对较高，首先体现在选题与文案的撰写上。目前这类动画视频可分两类，一是新闻专题类，二是商业订制类。我们专注的是前一类，因此在选题方面更多会偏向于新闻热点。但由于现在新闻的生命周期越来越短，在选题的时候就要把制作周期与新闻的生命周期放在一起考虑，要有一定的预判性，如《点解》栏目的《高考作弊指南》与《点解选专业》两期节目。其次就是要选择生命周期较长，大众持续关注的题材，如《南都关键词》的《PM2.5 教你学数学》。对于传统的文字记者来说，动画视频的文字需要写得更口语化、更幽默、更有起伏，再加上要在短时间内完成数据的搜集及文案的撰写，这的确有一定的难度。《点解》栏目一般是由一位编导找出多个选题，然后再经过所有成员头脑风暴讨论，最后由编导撰写文案。

另一方面，制作难度同时又体现在美术风格的统一上。一般动画新闻类的视频对片子的设计感要求比较高。在只有一个动画师工作的时候，最大的问题是时间周期，而在有几个动画师一起工作的时候，最大的问题就变成了如何统一美术风格。《点解》栏目团队曾在这上面花了不少时间，最终的解决方案是在开始制作动画前，开会制定细致的制作方案，从使用的颜色到绘图的风格都需要统一。

第三个难点是动画的质量与制作周期之间的平衡。第四个难点在于音效，这也是最容易被忽略的。好的音效会让动画锦上添花，不好的音效会损害片子的整体观感。上述的四个难点又会相互影响，不同类型的动画新闻视频又有不同的侧重点。新闻专题类的更重文案，而商业定制类的在美术与动画上要求更高。但无论是哪一种，只要在上述四个难点上出现漏洞，就会产生不好的短板效应。

## 二

动画新闻这种表现形式的兴起是在微博最热的时期，当时这类片子的时长一般是4到5分钟。读者会在连接wifi的时候通过微博观看视频，或者是用电脑在各大视频网站上观看。随着微信的崛起，人们的阅读时

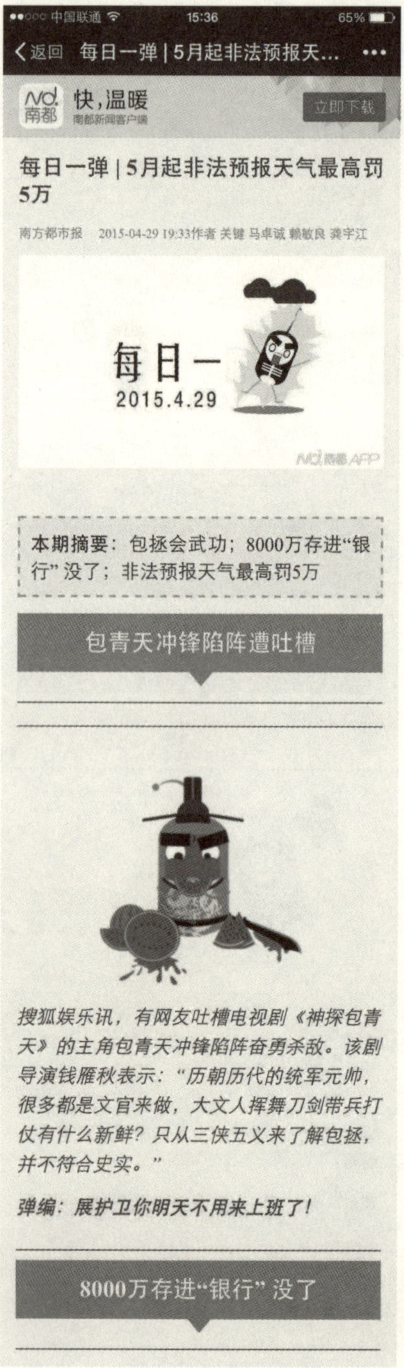

间碎片化程度更高，4G 时代的到来也让大部分读者选择用手机来观看视频。在这种情况下，人们更偏向于花较少的时间更少的流量去观看视频。这对商业定制类的动画视频影响不大，但对新闻动画视频的影响却很大。因为更短的观看时间，就意味着我们需要在更短的时间内说清楚一件事，这无疑加大了制作难度。另一方面，在微信公号上，GIF 动态图片、Html5 互动内容比视频更容易传播，这也加速了动画新闻这种表现形式在微博上的式微。

2015 年初，我们开始转向为南都 APP 制作内容，这就要求我们以更短的时间去制作更多的内容。同时我们也要考虑通过微信等第三方平台，为南都 APP 获取更多的用户。《每日一弹》APP 栏目就是在这种情况下产生的。



我们首先想到的是固定的动画形象会更有品牌效应，其次是要有一定的服务性与交互性，同时还要满足较高生产频率。因此，《每日一弹》选择的是轻阅读制作方向，在使用固定形象的同时为用户提供可作为微信表情的 GIF 动图。不过，在运作一段时间后，《每日一弹》也遇上了各种难题。

首先是每日一条的频率与制作周期之间的冲突，较长的制作周期会让《每日一弹》里的内容缺乏时效性，这迫使我们去选择一些相对冷门却有趣的新闻，如“微信发红包要交百万税”之类的新闻；其次是由于微信添加 GIF 动图的流程比较繁琐，大大地影响了用户体验，因此 GIF 表情这一

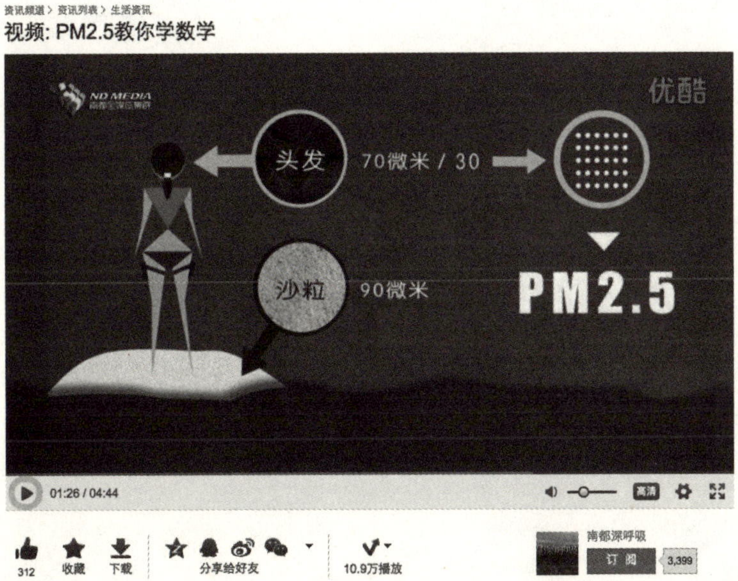

想法，在目前的技术支持下难以实现。最后是固定的动画时间需要持续的、坚持不懈地出现在观众眼前才能造成品牌效应，这需要一段相当长的时间来实现。

《复仇弹联盟》是《每日一弹》栏目做的另一次新的尝试。首次选择的题材是5月12日上映的《复仇者联盟2》，在上映前一周就开始动画形象的绘制、动画的制作与Html5互动页面的编写，在电影上映当日发布，借助电影的热度为我们的动画形象升温。这次的专题策划也在微信的传播方面取得了一定的成绩。

随着移动互联网技术的发展与各种移动设备的出现，我们能大胆推测，读者的阅读时间会变得更碎片化，动画新闻视频需要因时而变变得更短更好玩，这也是我们在努力探索的方向。

（作者系南方都市报音视频部动画师）

传媒茶座

## 传媒茶座

# 媒体发布反侵权公告的社会意义

□王天定

王天定

2015 年 5 月 30 日，南都发表了第一号反侵权公告。自 2011 年 5 月财新传媒发布《财新传媒反侵权行动声明》始，4 年时间，我们看到越来越多的媒体加入到维护作品版权行列中来，《新京报》、《楚天都市报》、《第一财经》、人民网、凤凰网、新华网等，不定期发布反侵权公告的媒体已经可以列出长长的一串名单。

细看这些名单，会发现这些祭出反侵权旗帜的媒体，已经不是单纯的纸媒，而有很多本身是网络媒体。更有意思的是，现在加入反侵权行列的许多媒体，有些曾多次出现在财新传媒反侵权公告列举的侵权名单中，这一切都可以说明，维护知识产权，反对随意转载，越来越成为媒体行业的共识。

上个世纪 90 年代初网络初兴，纸

媒虽一时曾有“狼来了”之惊恐，但随着第一轮网络泡沫破灭，一些关于媒体未来发展的预言被视为笑话。随后纸媒与网媒进入所谓“蜜月期”，网络靠转载纸媒报道聚拢人气，而纸媒仍赚得盆满钵满。

但现在回过头来看，这不是一场共谋未来的严肃婚姻，而是一场同床异梦的错误媾合。双方收获的都是伤害，最终没有赢家。纸媒沉迷于“内容为王”的虚幻景象，而且觉得只有自己才是无可替代的内容供应商，网络转载是为纸媒的内容扩大了社会影响。这顶纸糊的王冠戴在头上竟是如此享受，让他们失去了用创新应对危机的基本能力。而网络媒体满足于靠复制粘贴吃免费大餐，也淡忘了争取内容生产不可或缺的采访权，其实也创新乏力。道理很简单，假如中国没有庞大的网民人数，没有强大的防火墙，中国的互联网企业有几个能笑到现在?



当然，这一场错误的媾合，较之于网络，纸媒输掉的更多。饮鸩止渴不仅养肥了别人，更重要的是致命地伤害了自己。除此之外，媒体作为极具影响力的公共机构，对知识产权的漫不经心，让整个中国社会本来就脆弱不堪的版权文化更加雪上加霜。

我国的著作权法通过已经 25 年了，但徒法不足以自行，著作权意识没有深入人心，只靠强制力是很难推动的。尊重知识产权，是现代法治观念。这一观念，在我国远未扎根。我曾听到一位从国外回来的留学生嘲笑美国人，说美国许多图书馆规定复印一本图书不能超过全书的 1/3，美国人真就不多印。他说，这多简单的一件事啊，我们三人分头借来，每人各印 1/3, 不就结了? 这种无视法律规定的狡黠，在国人中恐怕绝非个例。在全社会培育包括著作权在内的知识产权文化，是一项系统工程，在此其间，媒体当然能够发挥大作用。但是，我们可想而知，一个对自己内容著作权都漠然置之的媒体，怎么可能会把保护知识产权报道视为重要的报道议题。

在全社会对知识产权保护的一片冷漠之中，政府的缺位不容忽视。眼下许多媒体、许多人懒得打著作权官司，都源于一种经济理性:官司打赢了，赔偿却低到得不偿失，因为赔偿标准是按照计划经济时代的稿酬确定。据说还有相关部门不主张此类官司中赔偿过高，理由居然是支持互联网创新。在这样的社会环境中，媒体维护知识产权，多半成为一种公益活动。因此，从这个意义上讲，财新传媒等媒体机构近年来持之以恒的努力，值得尊敬。政府态度的改变，需要媒体推动。一个社会的媒体，如果对与自身利益攸关的事情都消极无为，我们怎么可以取信于民，让民众认为我们是社会利益孜孜不倦的守护者?

媒体通过发布侵权公告方式维权，一方面维护自身权利，净化行业风气，另一方面，这客观上也是一种自我宣示和自我约束。发布侵权公告，是需要一点底气的，如果自律不严，自己屡屡出现在其他媒体的侵权公告名单中，恐怕是不好意思再高调打击别人吧。因此，投身反侵权，就等于断了自己随意转载的后路。作为社会公器，媒体在各个方面的确应该有比较高的自律标准，而作为当代社会最重要的知识生产机构，媒体也应从尊重知识产权开始，由此逐步确立较高的道德底线，垂范社会其他行业，对媒体重塑社会公信力也有重要意义。

今年5月，对于在网络时代维护知识产权来说，一个更有积极意义的利好消息是：5月5日，上海律师朱斌收到深圳南山法院口头通知，其提交的微信公众号抄袭的起诉状已被立案，书面受理通知已经发出。此前，朱斌律师受“花边阅读”和“异见”委托，向深圳南山法院提交民事起诉状，起诉涉嫌抄袭的“酿名斋”和“文字撰稿人”。这些原被告都有个共同身份，就是“微信公众号”。

此案被称为“微信公号反抄袭第一案”，如今获正式立案，本身极具象征意义。从大众媒体到自媒体，在尊重知识产权方面，不应该有两个标准，只是在自媒体时代，保护知识产权的难度更大了，乃至有人感叹：“版权是谷登堡时代的产物。”

我们得承认，从传统媒体时代到网络媒体时代，随着科技的进步，抄袭、盗版变得越来越容易，很多时候甚至易如反掌，以往保护版权的手段更显捉襟见肘。但是，法律面临困境，人类的道德精神永存，正如前贤所言：“最大的原则是：千万不要非法使用那些不属于你的东西来赚钱。”天底下，没有因为盗窃变得容易了，窃贼就变成合法职业这个道理。谷登堡开创的印刷文明或许有一天真会消失，媒体的未来面临种种可能，给我们留有巨大的想象空间。但是，有一点可以肯定：靠抄袭剽窃，不会有真正的自媒体文明。

（作者系西安外国语大学新闻与传播学院教授）

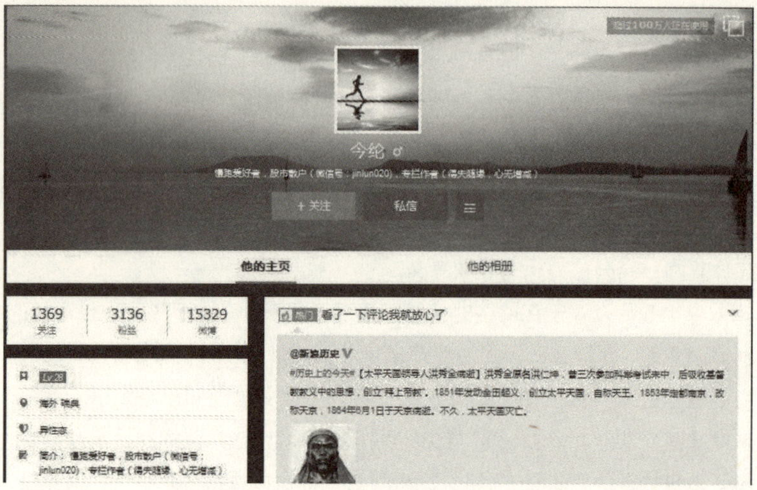




# 没跟上节奏的新闻系毕业生有点尴尬

□今纶

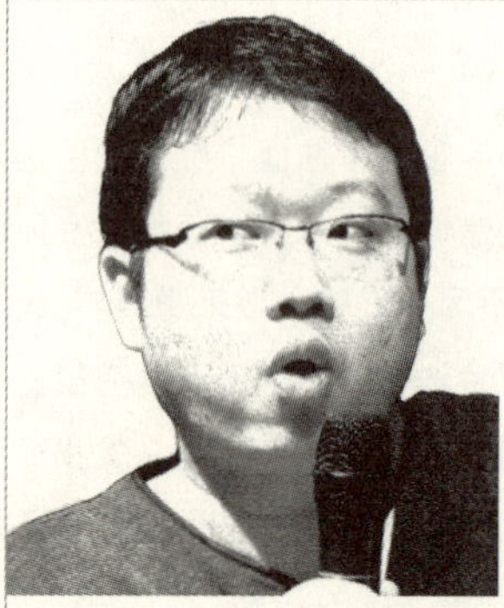
今纶

前阵子，联系了一下去年跟着我实习的几个新闻系学生，询问她们的工作落实情况。除了一名研究生在深圳某网络媒体落实了工作以外，另外两名本科生还没有找到工作。其实，这并不出人意料。

去年10月，教育部公布了近两年全国就业率低的专业，同时还“点名”各地就业率低专业榜单，广东被“亮红牌”的专业除了冷门的考古外，新闻学、艺术设计、音乐表演同样上榜。

新闻专业居然上了“就业率低专业榜单”，乍一看，觉得有点不可思议，但观察周边的环境也就觉得在意料之中。此前的多年是门户网站以及纸媒、电视台大发展的黄金时代，兵强马壮，还要不断招兵买马是一些强势媒体的常态。因此，新闻专业曾是令人眼红的热门专业。不过，互联网和科技的力量正在瓦解这一曾经强大的传统媒体城墙，更要命的是，由于种种原因，传统媒体在内容的深度上也有收缩的趋势。

互联网时代，受众格外挑剔，没人愿意看那些温吞水一样的内容，要么你让我愉悦，要么你让我感受强大的刺激（正面、负面的都可以）。但是如果媒体人端出的是一盘自己都不满意的夹生饭，你还指望广告商买单吗？当然，也不仅仅是内容的问题，内容的问题折射的只是互联网思维贫瘠的一个侧面。

还有一个渠道的问题。传统媒体的渠道在经历快速贬值之后，还在持续贬值，即使你的内容做得好，版式做得上佳也无法避免这种命运，因为人家玩的就是移动终端。微博式微了，微信又来了，受众接受的信息量比以前更大，方式更便捷。传统媒体在向新媒体转型的过程中，还需要持续努力去寻找核心的盈利模式，否则的话，它们只能作为一个基础的内容供给商，获得一块极小的蛋糕。蛋糕既然很小，就不要招新人，甚至该裁员就裁员，该减支就减支，这已经不是什么新闻。

在这样的状况下，你还指望传统媒体能提供多少新闻工作的岗位呢？

不过话说回来，我对新闻的未来反而是看好的。只是玩法变了，渠道变了，大家玩的是细分，是专业，是垂直，是不追求规模——这个听起来很牛吧。

“逻辑思维”的罗振宇给自己打工，就靠一张嘴，每周给大家读一本书讲一些道理，养活一个公司。高晓松的“晓说”也是一个说书人的架势，从南到北，古今中外，一顿大侃，网络点击率一路飙升。“凯叔讲故事”的王凯，就讲几个童话故事，居然比他之前在央视还红。如今，一个小团队的收益、知名度超过一个报社的时代开始了，将来超过一个体制内的传媒集团也没什么奇怪的。

这些公司当然也吸收了不少人就业，部分岗位就需要用到新闻专业知识，只是目前的量还不够大。等更多的人回过神来，通过自媒体开始成为高品质的红酒评鉴报、跑步指南电视台，又或者是老年健康电台的时候，新闻专业的毕业生将拥有更多更灵活的就业渠道。在目前这个传统媒体衰微、自媒体还没有大规模集体上位的时机，新闻系的毕业生注定尴尬。

社会需要什么样的新闻系毕业生？站在老板的角度想一想，如果你想进和媒体沾边的单位或者公司，毕业生应该有基本的互联网思维，要会玩新媒体，最好是个网络达人，粉丝越多越好。如果粉丝多到一定程度，其实你已经不需要给人打工了，这是很简单的道理。

所以说，新闻专业就业率低对于毕业生而言不是好消息，但是站在媒体更迭的角度看，只能算是一个进步现象的副作用。怨天尤人没什么意义，何况时间已经来不及了，新闻系毕业生要做的是先找一份工作做着，如果以后还想在新闻行业发展，抓紧时间学点靠谱的东西吧。你们其实有机会站在一个行业大发展的风口上，关键是：你不要走错了方向。

（作者系南都周刊首席城市运营官，今纶为笔名）